**Dança da escola:
da teoria à prática**

Dança da escola:
da teoria à prática

Katiuscia Mello Figuerôa
Pauline Iglesias Vargas
Evelyne Correia

Rua Clara Vendramin, 58 • Mossunguê • CEP 81200-170 • Curitiba • PR • Brasil
Fone: (41) 2106-4170 • www.intersaberes.com • editora@intersaberes.com

Conselho editorial
Dr. Alexandre Coutinho Pagliarini
Dr.ª Elena Godoy
Dr. Neri dos Santos
M.ª Maria Lúcia Prado Sabatella

Editora-chefe
Lindsay Azambuja

Gerente editorial
Ariadne Nunes Wenger

Assistente editorial
Daniela Viroli Pereira Pinto

Preparação de originais
Luciana Francisco

Edição de texto
Arte e Texto Edição e Revisão de Textos

Capa
Laís Galvão (*design*)
BAZA Production/Shutterstock (imagem)

Projeto gráfico
Luana Machado Amaro

Diagramação
Laís Galvão

***Designer* responsável**
Luana Machado Amaro

Iconografia
Maria Elisa Sonda
Regina Claudia Cruz Prestes

Dados Internacionais de Catalogação na Publicação (CIP)
(Câmara Brasileira do Livro, SP, Brasil)

Figuerôa, Katiuscia Mello

Dança da escola: da teoria à prática / Katiuscia Mello Figuerôa, Pauline Iglesias Vargas, Evelyne Correia. -- Curitiba, PR : Editora Intersaberes, 2023. -- (Série Corpo em Movimento)

Bibliografia.
ISBN 978-85-227-0509-2

1. Dança (Ensino médio) I. Vargas, Pauline Iglesias. II. Correia, Evelyne. III. Título. IV. Série.

23-148340   CDD-370.1

Índices para catálogo sistemático:

1. Arte : Dança : Educação 370.1

Eliane de Freitas Leite – Bibliotecária – CRB 8/8415

1ª edição, 2023.

Foi feito o depósito legal.

Informamos que é de inteira responsabilidade das autoras a emissão de conceitos.

Nenhuma parte desta publicação poderá ser reproduzida por qualquer meio ou forma sem a prévia autorização da Editora InterSaberes.

A violação dos direitos autorais é crime estabelecido na Lei n.9.610/1998 e punido pelo art. 184 do Código Penal.

Sumário

Apresentação • 9

Como aproveitar ao máximo este livro • 13

Capítulo 1

Análise sócio-histórica da dança • 19

1.1 Dimensões sócio-históricas da dança • 22

1.2 Conceitos básicos da dança • 27

1.3 Aspectos culturais da dança • 30

1.4 Aspectos psicológicos da dança • 34

1.5 Aspectos sociais da dança • 37

Capítulo 2

Escola em dança • 47

2.1 Bases legais da dança em ambiente escolar • 50

2.2 Por que dançar na escola? • 57

2.3 O que dançar na escola? • 60

2.4 Como dançar na escola? • 64

2.5 Planejamento de aulas • 67

Capítulo 3

Dimensões educativas da dança • 77

3.1 Corpo e movimento • 80

3.2 Fluência, espaço, peso, tempo e esforço • 85

3.3 Ritmo • 93

3.4 Linguagem e expressão corporal • 105

3.5 Dança, estética e educação • 109

Capítulo 4

Possibilidades da dança na educação • 119

4.1 Dança clássica • 122

4.2 Dança moderna e contemporânea • 137

4.3 Danças de matriz africana, indígenas e folclóricas • 146

4.4 Dança de salão • 154

4.5 *Jazz*, sapateado e danças urbanas • 157

Capítulo 5

Dança na educação básica • 169

5.1 Educação infantil • 173

5.2 Ensino fundamental: séries iniciais • 179

5.3 Ensino fundamental: séries finais • 183

5.4 Ensino médio, Educação de Jovens e Adultos e cursos profissionalizantes • 189

5.5 Dança, inclusão e outros temas transversais • 194

Capítulo 6

Processos de criação e a tecnologia na dança • 207

6.1 Composição coreográfica • 210

6.2 Organização de espetáculos de dança • 216

6.3 Produção de figurinos e cenários para espetáculos • 222

6.4 A dança no cinema • 229

6.5 Dança nas redes sociais e tecnologias educacionais • 234

Considerações finais • 245

Referências • 247

Bibliografia comentada • 267

Respostas • 271

Sobre as autoras • 279

Aos docentes de educação básica,
responsáveis pela arte de ensinar.

Apresentação

Desde o surgimento da educação formal a dança esteve presente no ambiente escolar. Isso porque essa manifestação, que historicamente já teve finalidades variadas, é uma importante ferramenta educacional. Assim, acreditamos que a dança, para além da reprodução de gestos marcados em determinado ritmo musical, poderá servir para a formação integral cidadã.

Para tanto, organizamos esta obra de maneira que ela possa servir de aporte teórico para a realização de práticas de dança, tanto quanto componente curricular de arte como de educação física na educação básica. Para o título, optamos por *Dança da escola*, por concordarmos que esta não deva ser um apêndice no currículo, ou um "transplante"[1] do que acontece nas escolas especializadas e academias para o espaço escolar, mas um componente curricular de fato, que converse com outras disciplinas e atenda a propósitos pedagógicos. A ideia não é inédita. Fazemos aqui alusão à discussão sobre a relação entre esporte e escola trazida por diversos pensadores da área da educação física, em especial, Tarcísio Mauro Vago (1996, p. 4), ao discorrer sobre a escola, argumenta que esta, "como instituição social, pode produzir uma cultura escolar de esporte que, ao invés de reproduzir as práticas

---

[1] Nesse contexto, a concepção *dança na escola* pode se referir à mera reprodução de práticas de dança institucionalizadas como conteúdo curricular.

de esporte hegemônicas na sociedade", estabelece "com elas uma relação de tensão permanente, num movimento propositivo de intervenção na história cultural da sociedade". Em suma, o autor aponta que à escola não cabe apenas o papel de transmitir conhecimentos produzidos fora dela, mas que pode transformar tais conhecimentos. Essas reflexões foram levantadas com relação ao esporte, mas podem ser articuladas no que se refere aos jogos, às lutas, à dança etc.

Sabemos que a compreensão das dimensões históricas, culturais, psicológicas e sociais da dança é indispensável para a construção de práticas corporais fundamentadas na dança, isto é, a teoria anunciada no subtítulo da obra. Por isso, no Capítulo 1, apresentamos o contexto histórico-social da dança, mostrando que ela assimila as mudanças sociais e culturais típicas de cada período. Em seguida, problematizamos o conceito de dança, algo que é fundamental para se discutir com a comunidade escolar. Por fim, os aspectos culturais, psicológicos e sociais dessa arte são debatidos para esclarecer as contribuições do trabalho com a dança como ferramenta de educação.

Exatamente pelo fato desta obra ser destinada aos profissionais que atuam ou atuarão na esfera educacional, estruturamos o Capítulo 2 para ampliar a compreensão do desenvolvimento e da aplicação da dança no contexto escolar. Dessa forma, tratamos das principais bases legais que respaldam o ensino da dança em ambiente escolar, com ênfase na Base Nacional Comum Curricular (BNCC). Nessa esteira, justificamos a presença da dança enquanto ferramenta educacional, seja ela no componente curricular de educação física, seja no de arte. Avançamos no sentido de questionar os tipos e movimentos da dança que podem ser aplicados nesse ambiente e as possibilidades de aplicação no contexto escolar. Finalizamos o capítulo com a apresentação de um modelo de planejamento de aula de dança que atenda à legislação específica da educação brasileira.

Tendo em vista que nosso objetivo é também instrumentalizar o leitor para atuar efetivamente com a dança no ambiente escolar, as dimensões educativas da dança de forma teórica e prática foram elucidadas no Capítulo 3 da obra. Portanto, de forma didática, tratamos dos conceitos de corpo, corporeidade e movimento. Em seguida, avançamos para a compreensão da dinâmica do ritmo e do movimento para, depois, tratarmos da fluência, do espaço, do peso, do tempo e do esforço do movimento. Finalizamos o capítulo refletindo acerca das possibilidades de aplicação da comunicação e da expressão no ensino de dança, bem como das questões relacionadas à arte e à estética que circundam o dançar.

O Capítulo 4 da obra foi destinado à apresentação de diferentes estilos de dança numa perspectiva conceitual e técnica. Para isso, apresentamos os estilos de dança com marcada presença no ambiente escolar ou, ainda, aqueles mais propícios ao ensino na educação básica, a saber: dança clássica; dança moderna e contemporânea; danças de matriz africana, indígenas e folclóricas; danças de salão; *jazz* e sapateado; e danças urbanas.

Com base nos conteúdos teórico-práticos tratados nos capítulos anteriores, o Capítulo 5 da obra se debruça sobre a especificidade de cada nível de ensino para o ensino-aprendizagem da dança. Sendo assim, apresentamos as possibilidades de aplicação da dança desde a educação infantil até a Educação de Jovens e Adultos (EJA). Além disso, ressaltamos a dança na perspectiva inclusiva, pois acreditamos nas potencialidades desta como ferramenta de promoção da inclusão.

O último capítulo da obra, Capítulo 6, foi destinado à compreensão de outros elementos que compõem a arte da dança. Para tanto, indicamos estratégias para composição coreográfica em diferentes contextos, bem como a criação de figurinos e objetos cênicos. Na mesma esteira, tratamos da criação e da organização de espetáculos de dança, eventos que estão intrinsecamente relacionados às práticas de dança por sua característica estética. Refletimos sobre a dança no contexto cinematográfico, algo historicamente característico dos tradicionais musicais, mas que tem marcado presença em outros gêneros da telona. Finalizamos a obra refletindo sobre a influência das mídias na dança e as possibilidades de aplicação de tecnologias para seu ensino.

Por fim, esperamos que você, leitor, desfrute desta obra de modo que ela possa colaborar para a reflexão, planejamento e aplicação de atividades de dança no ambiente escolar.

Como aproveitar ao máximo este livro

Empregamos nesta obra recursos que visam enriquecer seu aprendizado, facilitar a compreensão dos conteúdos e tornar a leitura mais dinâmica. Conheça a seguir cada uma dessas ferramentas e saiba como estão distribuídas no decorrer deste livro para bem aproveitá-las.

Introdução do capítulo

Logo na abertura do capítulo, informamos os temas de estudo e os objetivos de aprendizagem que serão nele abrangidos, fazendo considerações preliminares sobre as temáticas em foco.

A disciplina de dança e educação está presente nos cursos de licenciatura em Educação Física, Artes Visuais, Música, entre outros. Esse fato indica que a dança é um fenômeno transdisciplinar, o qual merece ser estudado observando suas diversas manifestações.

Pausa para reflexão

Aqui propomos reflexões dirigidas com base na leitura de excertos de obras dos principais autores comentados neste livro.

Curiosidade

Nestes boxes, apresentamos informações complementares e interessantes relacionadas aos assuntos expostos no capítulo.

Para saber mais

Sugerimos a leitura de diferentes conteúdos digitais e impressos para que você aprofunde sua aprendizagem e siga buscando conhecimento.

Indicações culturais

Para ampliar seu repertório, indicamos conteúdos de diferentes naturezas que ensejam a reflexão sobre os assuntos estudados e contribuem para seu processo de aprendizagem.

Síntese

Síntese

Neste capítulo, vimos que a história da dança acompanha a história da vida humana e, dessa forma, ela serve e assimila as mudanças sociais e culturais típicas de cada período, local e regionalidade. Sendo inicialmente utilizada em rituais religiosos e comemorações sociais (caça, colheita, casamentos, nascimentos etc.), a dança passou gradativamente a ser apreciada como arte. Assim como as outras artes, ela foi fortemente influenciada pela Revolução Francesa, pelo Renascentismo e pelos ares da pós-modernidade.

De maneira didática, apresentamos alguns conceitos de dança, mas deixamos claro que se trata de um conceito aberto, o qual dependerá das experiências individuais com o objeto. Dessa forma, cabe aos professores proporcionarem ao estudante uma vivência significativa com a dança, para além da imitação de gestos predefinidos. Além disso, advertimos sobre a necessidade da comunicação com a comunidade escolar, no sentido de romper com as apresentações de dança voltadas para eventos escolares em que as crianças reproduzem uma sequência previamente ensaiada, sem a participação ativa no processo.

Na sequência, identificamos a dança como uma importante manifestação cultural. Sabemos que a cultura está diretamente relacionada à história de um povo. Sendo assim, os aspectos culturais da dança correspondem ao uso e ao estilo das danças em diferentes locais e/ou períodos históricos. Vimos também que uma manifestação cultural está sempre influenciando a outra e será ou é influenciada por uma terceira.

Os aspectos sociais e psicológicos da dança foram apresentados, sobretudo, no sentido de enaltecer os benefícios de sua prática. O uso da dança como forma de expressão e linguagem corporal auxilia sobremaneira no processo de autoconhecimento, melhora a autoestima, estimula a criatividade e possibilita a

---

Síntese

Ao final de cada capítulo, relacionamos as principais informações nele abordadas a fim de que você avalie as conclusões a que chegou, confirmando-as ou redefinindo-as.

---

socialização entre os dançantes. É importante reforçar que essas são competências fundamentais para a formação humana.

Indicações culturais

BILLY ELLIOT. Direção: Stephen Daldry. Reino Unido: Tiger Aspect Pictures, 1998. 110 min.

O filme *Billy Elliot* é uma produção franco-britânica de início do milênio, que se passa no contexto de uma pequena cidade britânica na década de 1980. O enredo gira em torno do protagonista Billy Elliot, o qual se apaixona pela prática da dança. Numa sociedade em que apenas as meninas praticavam o balé, Billy se destaca pela perseverança, paixão e coragem para enfrentar a família e os preconceitos típicos da época. O filme evoca diversas discussões importantes para a arte da dança. Por exemplo: a maneira de educação dos corpos impostas nas escolas de balé; o preconceito em relação à prática da dança por meninos; o uso da dança como fuga da realidade, ou seja, os efeitos positivos psicológicos do dançar.

Atividades de autoavaliação

1. Tendo em vista os aspectos históricos da dança, observe as afirmativas a seguir e marque a alternativa verdadeira:

    a) A dança de exibição foi praticada desde as sociedades primitivas.

    b) A civilização grega somente utilizava a dança para rituais de culto aos deuses.

    c) Na Idade Média, as práticas corporais foram banidas e, com isso, ninguém mais praticou a dança.

    d) O primeiro corpo de baile, criado na Idade Moderna, era composto exclusivamente por mulheres.

    e) A modernidade trouxe uma nova perspectiva para a dança, permitindo assim a desconstrução das técnicas rígidas impostas pela dança clássica.

Atividades de autoavaliação

Apresentamos estas questões objetivas para que você verifique o grau de assimilação dos conceitos examinados, motivando-se a progredir em seus estudos.

Atividades de aprendizagem

Aqui apresentamos questões que aproximam conhecimentos teóricos e práticos a fim de que você analise criticamente determinado assunto.

Bibliografia comentada

Nesta seção, comentamos algumas obras de referência para o estudo dos temas examinados ao longo do livro.

Capítulo 1

Análise sócio-histórica da dança

Pauline Iglesias Vargas

A **disciplina** de dança e educação está presente nos cursos de licenciatura em Educação Física, Artes Visuais, Música, entre outros. Esse fato indica que a dança é um fenômeno transdisciplinar, o qual merece ser estudado observando suas diversas manifestações.

Ao tratarmos da dança na educação precisamos fazer uma breve reflexão a respeito de suas origens e seus conceitos. Para isso, partimos da definição básica de dança, a qual pode ser entendida como a "arte do movimento" (Tadra et al., 2012, p. 9). Então, dois grandes pilares circundam a dança: a arte, que está relacionada com a estética e faz parte da história da humanidade, podendo ser encontrada em diversas formas de manifestações, tais como pinturas, músicas, teatro, poesia, artes manuais etc. (Silva; Silva, 2014); e o movimento, que, por sua vez, é toda e qualquer ação corporal. Portanto, o corpo é o vetor da dança, é por meio dele que a dança acontece.

Não é difícil concluir que a dança faz parte da natureza humana, afinal, o movimento e a arte estão presentes em todas as civilizações. Sendo assim, entendemos que é relevante compreender as dimensões históricas, culturais, psicológicas e sociais da dança como ferramenta de educação. Por isso, organizamos este capítulo em cinco tópicos, os quais abordarão as dimensões sócio-históricas, os conceitos básicos, os aspectos culturais, psicológicos e sociais da dança, respectivamente.

1.1 Dimensões sócio-históricas da dança

De todas as artes, a dança é a única que dispensa materiais e ferramentas, dependendo só do corpo. Por isso dizem-na a mais antiga, aquela que o ser humano carrega dentro de si desde tempos imemoriais. Antes de polir a pedra, construir abrigo, produzir utensílios, instrumentos e armas, o homem batia os pés e as mãos ritmicamente para aquecer e se comunicar. (Portinari, 1989, p. 11)

Antes mesmo do desenvolvimento da fala, o homem primitivo se comunicava por meio de expressões corporais, as quais demonstravam sentimentos, emoções e pensamentos. Tal fato é perceptível na arte rupestre, ainda na Pré-História, na qual historiadores identificaram desenhos em pedras que representavam pessoas imitando os movimentos dos animais e saudando a natureza. Isso mostra que tal prática corporal, num primeiro momento, assumiu características ritualísticas, de comunicação e expressão. Por isso, pesquisadores apontam que, inicialmente, a dança foi utilitária, para depois, então, passar a ser realizada como expressão artística. Isso porque, paulatinamente, encontrou-se o prazer no dançar (Tadra et al., 2012).

A dança na Grécia Antiga marcou tal mudança e, por isso, é comum que historiadores apontem para esse período como o marco do primórdio da dança como conhecemos atualmente. Afinal, a civilização grega, ao lado da romana, foram as que mais impactaram culturalmente as sociedades ocidentais (Capraro; Souza, 2017).

Vale destacar que há uma gama de estudos acadêmicos voltados para o período e objeto em questão. Neles, é possível identificar o uso de diversas fontes e métodos a fim de interpretar a manifestação (Mota, 2012). O pesquisador norte-americano Tyler Jo Smith, por exemplo, publicou recentemente um artigo que examina o gesto da dança como um mecanismo de comunicação ritual na pintura de vasos da Grécia Antiga (Smith, 2021). Por isso, tomamos o cuidado de alertar que estamos tratando de um longo período de maneira abreviada.

A dança ocupava lugar de destaque na civilização grega, pois "o corpo era responsável por determinar as funções e o papel de cada indivíduo na sociedade grega daquele período." (Corrêa; Moraes e Silva, 2019, p. 27). Dessa forma, a dança foi utilizada como um instrumento de formação do cidadão, tanto no sentido de tonificar os corpos e cultuar os deuses por meio de rituais quanto para a preparação militar. Por isso, o ensino da dança era obrigatório, assim como o da política, da filosofia e da música. Ou seja, ela fazia parte da educação corporal, com o objetivo de tornar o corpo belo e forte numa sociedade que valorizava o corpo como receptáculo da alma (Portinari, 1989; Rodrigues, 2018).

A dança também esteve presente em outras civilizações antigas, como na egípcia, na indiana e na chinesa. Tais manifestações estavam relacionadas a rituais e cultos e os passos característicos ainda podem ser observados em danças tradicionais, como a dança egípcia, que é caracterizada por movimentos fortes e angulosos e facilmente encontrada em representações artísticas do Egito Antigo (Tadra et al., 2012).

Com o fim do Império Romano (século V) e o crescimento do cristianismo, o período conhecido por *Idade Média* é marcado por proibições, especialmente relacionadas ao corpo. Com isso, não é difícil constatar que as danças foram proibidas, pois todas as práticas corporais foram banidas por serem consideradas sinais de vaidade, luxúria e sedução (pecados capitais). Ainda assim, as danças continuaram acontecendo e foram incorporadas aos rituais religiosos e, mais tarde, a festas e bailes dançantes voltados à nobreza (Capraro; Souza, 2017). A dança praticada pelos nobres era realizada com passos lentos e pouco contato físico (Rodrigues, 2018).

O pensamento da Antiguidade Clássica foi retomado gradativamente, impulsionado pelo protestantismo e, por conseguinte, pela mudança na maneira de compreender o mundo e suas relações – o Renascimento (século XIV). Como o próprio nome sugere, houve a reinterpretação dos modelos antigos de arte, literatura e ciência. Nesse período, as artes, e a dança em específico, tornaram a ser valorizadas, passando a ser símbolo de riqueza e poder (Tadra et al., 2012). Eis então que a prática virtuosa da dança nas cortes aristocráticas passou a ser cada vez mais admirada e, com isso, os movimentos naturais e espontâneos foram substituídos por passos ensaiados e posturas específicas.

Você sabia que nesse período eram apenas os homens que dançavam? A pesquisadora Maria Thereza Souza (2021, p. 14) afirma que "no período aristocrático apenas os homens dançavam, enquanto a função das mulheres era apreciar as performances daqueles". Inclusive, são recorrentes as referências acerca do monarca francês Luís XIV, no século XVII, o qual foi um habilidoso bailarino e por muitos indicado como responsável pela disseminação da prática ao fundar a Académie Royale de Danse, o primeiro corpo de baile com o objetivo de sistematizar o ensino de dança; consequentemente, houve a criação de nomes para os passos, bem como foi implementada a certificação de professores.

||| Curiosidade

A posição de *en dehors* – posição básica em que as pernas realizam uma rotação externa da articulação coxofemoral – surgiu nessa época para criar a ilusão de que os bailarinos estavam sempre de frente para os expectadores, no caso, a nobreza.

A prática corporal que estava, até então, a serviço da corte, avançou para os palcos de teatros sendo, paulatinamente, inserida na dramaturgia, especialmente após a Revolução Francesa (século XVIII). Com isso, a dança passou a ser utilizada para interpretação de obras, período conhecido como *Romantismo* (Tadra et al., 2012). Ela representou a feminilidade no período romântico e os homens passaram a ter papel secundário nas exibições (Souza, 2021).

Edgar Degas registrou em tela as aulas de dança (1873) na França, conforme observado na Figura 1.1 a seguir.

Figura 1.1 A classe de dança, por Edgar Degas (1873)

Apesar de isso ter ocorrido sobretudo na Europa Ocidental (França e Itália em específico), foi a Rússia que desenvolveu o balé clássico. Grandes peças foram escritas nessa época, como *O lago dos cisnes* (1895), *Quebra Nozes* (1892) e *Dom Quixote* (1869).

Impulsionado pelos ares da industrialização, o final do século XIX e início do século XX foi marcado pela desconstrução do clássico tanto nas ciências quanto nas artes. Os novos pensamentos sobre o corpo e a dança, especialmente influenciados por François Delsarte, Émile Jaques-Dalcroze, Rudolf von Laban e Isadora Duncan (a bailarina dos pés descalços), proporcionaram novas maneiras de dançar. A dança moderna observou mudança nas vestimentas, a libertação das sapatilhas, a exploração do movimento para além das técnicas rígidas e o uso de músicas não clássicas (Rodrigues, 2018). Mais tarde, nas décadas de 1940-1950, a dança contemporânea surgiu como um segmento da dança moderna. Ela se caracteriza pela total insubordinação a enredos, músicas, gestos e padrões corporais. Por isso, considera-se que a dança contemporânea é democrática e inclusiva (Tadra et al., 2012; Rodrigues, 2018).

Agora que você já tem uma noção das dimensões históricas da dança, vamos avançar para a compreensão dos conceitos da dança e sua aplicação.

1.2 Conceitos básicos da dança

Se perguntarmos para um grupo de pessoas o que significa dança, certamente inúmeros conceitos e definições diferentes serão identificados. Isso nos mostra que *dança* é um termo amplamente conhecido, porém, polissêmico, que pode ser entendido e interpretado de diferentes maneiras.

Começamos apresentando o conceito de dança presente no dicionário da língua portuguesa: "série de movimentos corporais executados em conformidade com uma música" (Rodrigues, 2012, p. 102).

||| *Pausa para reflexão*

Toda a dança precisa de música? Certamente que não. É possível que você já tenha se pego dançando no silêncio do seu lar.

Por sinal, existem espetáculos de dança em que não há acompanhamento musical. A título de exemplo, o artista Israel Galván lançou, em 2008, o espetáculo de dança flamenca *Solo*, no qual a música é substituída por sons emitidos pelo próprio bailarino e o público é convidado a participar da apresentação batendo palmas e pés na produção de ritmos (Kourlas, 2008).

Portanto, o conceito inicialmente apresentado remete à categoria "dança como forma", ou seja, conforme a professora Isabel Marques (2012), o passo, a coreografia, em regra, algo já construído por outro em que há uma reprodução do movimento corporal.

Por outro lado, ainda de acordo com Marques (2012), é possível categorizar a "dança como expressão", a qual se refere às sensações do ato de dançar. Nesse caso, entende-se a dança na perspectiva de expressão corporal, considerando a possibilidade de criar e ressignificar a dança conforme interpretação própria (Marques, 2012). A presença da dança em ambiente escolar está, na maioria das vezes, justificada mediante essa última compreensão.

Dantas (2020, p. 1), por sua vez, entende a dança como "forma técnica e poesia do corpo". Na perspectiva da autora, a maneira como o corpo se movimenta de forma criativa e artística (diferente do cotidiano) constitui o dançar. Tal conceito une as duas categorias apresentadas por Marques (2012), pois aproxima a arte e o movimento, conforme citado no início deste capítulo.

Tendo em vista que a dança foi utilizada nas diferentes épocas e civilizações para expressar crenças e ideais, é possível compreendê-la como uma arte capaz de disseminar a cultura.

Por fim, recorre-se à definição de Miller (2012, p. 149), que nos diz: "a dança não é algo externo, mas um estado que pode ser construído com procedimentos específicos quando se propõe ir para a cena". A cena dita pela autora não está vinculada especificamente aos palcos, mas ao ato em si. Ou seja, nessa definição, o dançar depende exclusivamente do indivíduo, de sua motivação para tal.

Portanto, ao analisarmos o conceito de dança precisamos discutir sobre suas implicações. Por isso, convidamos você a refletir: O que é dança para você? A dança está presente no seu cotidiano? Você costuma dançar? Se sim, em qual ocasião? Você contempla a dança, ou seja, costuma frequentar espetáculos de dança ou mesmo em mídias digitais?

Se, para você, a dança está ligada a estilos musicais e passos específicos, algo que exige muito ensaio e repetição, provavelmente você compreende a "dança como forma". Possivelmente, a dança foi apresentada para você na escola dessa maneira, por meio de coreografias ensaiadas para eventos específicos voltados às famílias.

Aqui cabe refletirmos sobre o uso da dança para a realização de apresentações no âmbito escolar. Será que ensaiar repetidas vezes o mesmo movimento com crianças é a maneira mais adequada de inserirmos a dança no contexto escolar? Falamos anteriormente que uma das principais justificativas para a presença da dança nas instituições de ensino é justamente a possibilidade de expressão corporal. Ora, não é difícil concluir que repetir inúmeras vezes o mesmo gesto já construído, sem a possibilidade de criar ou fazer uma releitura, limita as chances de o aluno usar a dança para expor sentimentos de forma natural e individual. Por isso, é fundamental que as discussões acerca do que entendemos por *dança* reverberem na comunidade escolar.

Se entendemos a dança numa perspectiva educativa, capaz de contribuir para a formação dos alunos por seu caráter criativo e expressivo, de maneira singular, precisamos alinhar esse pensamento com aquilo que estamos promovendo no ambiente escolar. Além disso, a dança pode ser uma ferramenta fantástica de resgate cultural, independentemente se está sendo promovida por professores de educação física, artes visuais ou música.

Portanto, quando indicamos a necessidade de se saber aplicar o conceito de dança, estamos provocando a reflexão do leitor, inicialmente de caráter íntimo e pessoal, para depois, então, questionar alunos e, por fim, considerar o diálogo com os demais professores e a direção escolar. Isso porque, muitas vezes, será necessário romper com tradições pouco indagadas e, num primeiro momento, gerar desconforto com as famílias. Afinal, é comum que gestores escolares afirmem que as apresentações coreografadas atendem às expectativas dos pais, os quais aparentemente gostam desse formato de evento.

Entendemos que o ensino de dança deve contemplar a reflexão do seu conceito, tanto numa perspectiva histórico-cultural quanto individual e singular, para depois avançarmos na construção daquilo que o conteúdo poderá tornar-se na formação dos alunos (Nascimento, 2018). Dito isso, podemos tratar de outros aspectos que envolvem a dança e que, ao nosso ver, a tornam um conteúdo tão interessante e singular para ser trabalhado no contexto escolar. Por isso, os próximos tópicos abordarão as questões culturais, psicológicas e sociais da dança.

1.3 Aspectos culturais da dança

Como já vimos, a dança acompanha a história da humanidade e, por isso, carrega características culturais, as quais devem ser exploradas pelos professores escolares. Rodrigues (2018) reforça que a dança é uma importante ferramenta de divulgação cultural para o mundo.

De antemão, gostaríamos de lembrar que a cultura se caracteriza por ser uma forma de linguagem e comportamento adotada para possibilitar o convívio social dos indivíduos. Por isso, ao tratar de determinada cultura, assim como de suas manifestações, é necessário contextualizá-la historicamente. Além disso, apresentá-la de maneira respeitosa e sem julgamentos é essencial. Vale lembrar aos alunos que as diferentes culturas interagem, ou seja, há influências mútuas e trocas culturais em todas as sociedades (Silva; Silva, 2014).

Sendo assim, partimos para alguns questionamentos: Quais manifestações culturais são possíveis identificar nas danças? Quais são as danças que representam as diferentes nações? No Brasil, quais são as danças regionais e a qual contexto elas estão relacionadas?

Com base nesses questionamentos, percebemos que o trabalho da dança da escola[1] deve contemplar a pesquisa e a reflexão sobre o contexto cultural. Um exemplo de proposta reflexiva para trabalhar na escola pode ser pensada por meio das danças egípcias representadas em hieróglifos, como na Figura 1.2 a seguir. Algumas questões podem ser levantadas: Eram realizadas em qual situação? Qual o sentido e o significado daqueles rituais? Quais as características das músicas utilizadas para tais danças? Como eram as vestes e os passos?

Figura 1.2 Hieróglifo egípcio

Ademais, a experimentação e a criação de passos com caraterísticas angulares e fortes também devem fazer parte do ensino dessa manifestação cultural, obviamente com o foco na vivência, e não na execução correta do movimento.

---

[1] Conforme anunciado na apresentação, optamos pelo uso da expressão *dança da escola* para enfatizar a especificidade do conteúdo quando ministrado em ambiente escolar.

No contexto da globalização, as diferentes danças do mundo são interessantes conteúdos para que os alunos possam compreender as diferenças culturais. As danças do oriente, por exemplo, podem revelar aos alunos muito mais do que gestos e ritmos; elas podem indicar as características daquelas sociedades que pouco conhecemos – como a dança teatral tradicional japonesa, o Kabuki (Figura 1.3). Essa representação da arte japonesa era inicialmente realizada por mulheres, porém o governo japonês proibiu a participação feminina, por entender que o público estava mais concentrado na beleza das mulheres do que no espetáculo em si (Danças..., 2002). Interessante, não? Mais do que a crítica ao veto, há aqui a possibilidade de aprofundarmos as características culturais daquele país. Tal como: O que se esperar da dança de uma nação em que tocar as mãos do outro é considerado um gesto de intimidade?

Figura 1.3 Ilustração da cultura antiga japonesa

matrioshka/Shutterstock

Obviamente que há uma variedade de danças típicas do mundo oriental, as quais podem ser abordadas no ambiente educacional. Entre elas destacamos a dança do oriente, ou dança do ventre, como estamos mais familiarizados. A dança, em razão de se caracterizar por movimentos da região do abdômen e ser sensual, é por vezes estereotipada, sendo atrelada aos *shows* eróticos, muito distantes de suas raízes socioculturais. Afinal, a dança do ventre foi originariamente utilizada para cultuar a deusa mãe, responsável pela fertilidade (Marra; Marani; Sborquia, 2019).

Outra proposta interessante são as danças africanas. É possível explorar a Kizomba, dança praticada em festas angolanas nas décadas de 1970-1980. Na ocasião, muitos angolanos emigraram para a Europa, em especial Portugal, em busca de melhores condições de vida. A troca de culturas em solo português transformou a Kizomba em outro produto artístico, o Zouk, estilo que ficou conhecido globalmente a partir de Portugal, transportado dos jardins das famílias angolanas para as academias e baladas do mundo (Thomaz, 2020).

Certamente que os alunos também poderão contribuir para a escolha dos temas abordados, além disso, o trabalho interdisciplinar poderá reforçar conceitos e contextos trabalhados por outras disciplinas. Por exemplo, seria interessante abordar o balé de corte em um projeto interdisciplinar quando o componente curricular de história estiver tratando da Europa Renascentista. Aliás, a Europa também oferece uma gama de manifestações culturais que podem ser estudadas, tais como: o flamenco, da Espanha; a valsa vienense, da Áustria; o ote'a, da Polinésia Francesa; hopak, da Ucrânia etc. Além disso, as danças folclóricas são uma importante ferramenta de resgate cultural.

O folclore é justamente a expressão popular; no caso da dança, originou-se em rituais dos povos primitivos e se transformou ao longo dos tempos em arte autônoma, repleta de identidade, simbolizada por coreografias rítmicas com passos marcantes (Oliveira, 2021). Esse tema será abordado com mais detalhes no Capítulo 4.

O continente americano oferece outras manifestações culturais ricas para serem exploradas em aulas de dança, como a salsa e o mambo, de Cuba; o tango, da Argentina; o footwork e o hip hop, dos Estados Unidos; a cumbia e o porro, da Colômbia; o merengue, da República Dominicana; a cueca, do Chile; o chá chá chá e o conchero, do México, entre tantas outras.

No contexto nacional, é possível explorar as danças típicas regionais, como o maracatu, o frevo, o samba, o bumba meu boi, o jongo, o baião e o forró, como também nos aprofundarmos na região específica onde a nossa escola está inserida. Ou seja, quais são as danças que nos circundam? Por quê? Esse conteúdo poderá indicar o estudo da colonização da região, a história da cidade e do próprio bairro.

Curiosidade

A dança africana de Tefé se consolidou como tradicional e folclórica na região amazônica com presença significativa nos festivais da região e representa, para além da cultura afro-brasileira, a ressignificação da cultura negra na região (Oliveira, 2021).

Sendo assim, explorar as danças praticadas em nosso país, com ênfase em suas matrizes, torna-se um terreno fértil de aprendizagem. Além disso, o trabalho com a dança poderá contribuir para a formação do aluno em diversos aspectos psicológicos, como veremos a seguir.

1.4 Aspectos psicológicos da dança

Você já deve ter se indagado por que tantas pessoas, independentemente da idade, têm aderido às dancinhas do Tik Tok. A dança proporciona ao praticante o prazer. Seja a criança pequena, que ao ouvir uma batida ritmada balança seu corpo de maneira divertida e sem preocupação com modelos prontos; seja um grupo de adolescentes reproduzindo a coreografia de uma artista famosa; seja ainda um dançarino profissional que está repetindo incansavelmente o gesto técnico para alcançar a perfeição do movimento – todos eles encontram na dança satisfação, alegria e bem-estar.

Mas isso não se aplica apenas ao sentido da dança na pós--modernidade. Antes disso, o escritor francês Paul Valéry, em *A alma e a dança,* anunciou a capacidade da dança de transformar o estado de humor de quem a pratica, ou, ainda, de quem a contempla, na frase amplamente conhecida "a dança é o maior remédio contra o veneno do tédio", datada de 1921 (Valery, 1921, citado por Feitosa, 2012, p. 1), o que suscita inúmeras questões: Que forma de dança é capaz de alterar a disposição do praticante? Como? Por quê?

Poderíamos aqui explicar os benefícios psicológicos da dança sobre o prisma biológico. Endorfina, serotonina e noradrenalina são exemplos de neurotransmissores do bem-estar liberados pelo corpo durante as práticas físicas, como a dança. Porém, mais do que isso, há na literatura estudos experimentais que comprovaram os benefícios da prática da dança, sobretudo relacionados aos aspectos emocionais de quem a vivencia. Rodrigues (2018) listou as contribuições da prática da dança em ambiente escolar em diversos aspectos, entre eles: melhoria da autoestima; desenvolvimento de relações pessoais; incentivo à socialização; minimização de bloqueios psicológicos; sensação de bem-estar; diminuição de sintomas de depressão.

Observe que tais fatores psicológicos são fundamentais para a saúde mental, assunto tão em voga nos últimos tempos. Inclusive, há uma área específica da psicologia chamada *dançaterapia*, caracterizada pelo uso do movimento para a promoção do bem-estar emocional. A dançaterapia tem sido utilizada em diferentes populações – como idosos, pessoas com deficiência, crianças de grupo de risco – e os resultados são expressivos (Schneider et al., 2020).

Você já observou que o movimento por si só é carregado de emoções? Quando pulamos de alegria, sacudimos a cabeça por desaprovação ou estendemos nossos braços em busca de um abraço estamos nos comunicando por meio do nosso movimento corporal. Ao considerarmos a dança uma forma de expressão de sentimentos por meio de movimentos, conseguimos perceber a potencialidade de sua prática pedagógica no desenvolvimento de aspectos emocionais dos estudantes. A dança, dessa forma, poderá não apenas revelar questões emocionais importantes e singulares dos alunos, como também auxiliar no processo de conscientização e externalização.

Além disso, o fato de ter como ferramenta o corpo torna possível que o aluno se conheça mais, atuando diretamente nas questões de autoconhecimento, no sentido de descoberta das possibilidades e potencialidades, contribuindo assim para a autoaceitação e, por conseguinte, a elevação da autoestima. Há ainda estudos que comprovam a melhora do estado de humor em pessoas submetidas à prática de dança e, consequentemente, o combate à depressão e outras doenças mentais relacionadas (Lovatt, 2018).

Como já problematizamos anteriormente, obviamente que isso tudo dependerá da maneira como o professor abordará a temática *dança* dentro da escola. A criatividade, por exemplo, é uma importante competência que pode ser desenvolvida por meio da dança. Você já percebeu que muitas crianças, e até mesmo adultos, têm dificuldade de resolver conflitos pessoais e interpessoais? Para que esse indivíduo tome decisões, é necessário que tenha criatividade para buscar caminhos ainda não explorados. Portanto, a dança, ao provocar a criatividade dos alunos, poderá desenvolver a capacidade de improvisar nas questões do cotidiano com mais naturalidade (Santos, 2019).

Atamturk e Dincdolek (2021) analisaram o impacto da prática de dança nas habilidades da inteligência emocional de 200 adolescentes no Oriente Médio. Os resultados foram examinados por meio de uma escala de inteligência emocional e os praticantes e não praticantes de dança foram comparados, cada grupo composto por 100 jovens. Os resultados indicaram diferença significativa entre as habilidades de inteligência emocional nos adolescentes, sendo que o grupo que dançava se sobressaiu. Interessante, não é? Indivíduos com alta inteligência emocional se conhecem, são capazes de reconhecer suas necessidades, determinar suas forças e fraquezas, gerenciar suas emoções e estabelecer relacionamentos eficazes. Resultados como esse auxiliam no processo de convencimento da comunidade escolar acerca da relevância do conteúdo de dança para o desenvolvimento global do aluno.

Mas não acabaram por aqui os benefícios da dança. A seguir, trataremos dos aspectos sociais que circundam o dançar; ainda que, muitas vezes, estejam atrelados às questões emocionais, abordaremos de maneira segregada para dar a ênfase necessária ao tópico.

1.5 Aspectos sociais da dança

Antes mesmo de tratarmos dos aspectos sociais da dança, vamos olhar para o significado deste tópico. Tudo aquilo que está relacionado à sociedade constitui os aspectos sociais. Mas o que entendemos por *sociedade*? Silva e Silva (2014) nos lembram que sociedade é a inter-relação de diferentes instituições (escola, família, igreja, trabalho etc.), os modos de relação nelas existentes, bem como as formas como se organizam.

Todo indivíduo é dependente da relação com outro. O tal relacionamento entre pessoas chamamos de *socialização*. É justamente por meio da socialização que garantimos que elementos culturais e sociais sejam incorporados pelos indivíduos como seus. Obviamente que os processos socializadores são vivenciados ao longo de toda a vida e não há um final para tal, porém, a criança parece estar mais aberta à possibilidade e à aprendizagem que resulta da relação interpessoal. Por isso, professores devem estar atentos no sentido de proporcionar experiências sociais entre os alunos, professores e comunidade escolar. Afinal, a produção da identidade é um dos principais efeitos da socialização, algo tão importante de ser estimulado na criança e no jovem em formação escolar (González, 2014).

Como já vimos, além da execução do movimento corporal, a dança revela linguagens e significados de determinada cultura para a sociedade na qual está inserida. Portanto, as danças são importantes recursos de construção de identidade e socialização daqueles que as promovem (Silva; Nitschke; Santos, 2018).

Temos aqui a interseção entre a dança e seus aspectos sociais. Ora, a dança é quase sempre inserida em algum contexto social. Seja ela em pares, em grupos ou, ainda, em eventos sociais, como casamentos, festas de aniversário e mesmo as "baladas" (Lovatt, 2018). Ou seja, a dança está na escola, mas também está na maioria dos ambientes em que o estudante frequenta ou frequentará.

Sabemos que o trabalho em grupo, algo típico da dança, proporciona aos alunos a possibilidade de conhecer melhor uns aos outros, estimula a comunicação (verbal e corporal), fortalece laços de amizade e, consequentemente, auxilia no processo de rupturas de preconceitos (de raça, gênero, social etc.) que são tão presentes no ambiente escolar e que, por vezes, são os maiores entraves para que a inclusão escolar realmente aconteça.

A perspectiva da educação inclusiva pode estar presente no ensino de diferentes danças, sejam elas folclóricas, urbanas, de salão ou mesmo o balé clássico. Tudo dependerá da estratégia metodológica que o professor utilizará e, por isso, Corrêa e Santos (2014) indicam a necessidade de olhar para o conteúdo da dança sobre o prisma da pós-modernidade, ou seja, usando estratégias pedagógicas para que o conteúdo desperte nos alunos o respeito à diversidade e a defesa da democracia.

A dança de salão, por exemplo, pode ser uma excelente estratégia de fomentar a relação interpessoal dos alunos, pois promove o contato corporal em pares, a necessidade de coordenação do movimento da dupla, bem como exige adaptações de ambos os dançarinos, para definir o ritmo ou a trajetória que seguirão no salão. Porém, mais do que isso, o ensino da dança de salão poderá também suscitar reflexões e discussões a respeito das questões de gênero e seu significado histórico-social (Sousa; Caramaschi, 2011). Ora, por que as duplas são compostas por uma dama e um cavalheiro? Precisa necessariamente ser dessa forma? Quais características culturais e sociais estão por trás da orientação básica da dança de salão: o cavalheiro conduz a dama? Como podemos ressignificar a dança de salão sob a ótica pós-moderna?

Sendo assim, podemos também usar o conteúdo da dança para promover a crítica social, e por que não, a transformação social. Por isso, é fundamental que o professor aproveite os corpos em movimento – diga-se de passagem, quase exclusivos das aulas de Educação Física e Arte – para fomentar a crítica social, levantando questionamentos acerca de valores preestabelecidos, padrões repetitivos e modismos tão presentes em nossa sociedade.

Por fim, sabemos que o interesse do aluno em relação ao conteúdo da dança pode ser uma barreira para o ensino desse conteúdo. Isso ocorre, especialmente, quando a experiência anterior com o conteúdo não foi prazerosa e significativa. Dessa maneira, é fundamental que a proposta de dança da escola privilegie as práticas lúdicas e oportunize reflexões sobre a cultura nela existente, de forma a contribuir para a interação social entre alunos. Já falamos anteriormente sobre a potencialidade da dança em desenvolver o autoconhecimento dos alunos, mas pode ser também uma ferramenta para conhecer o outro e, assim, relacionar-se como ser socialmente responsável, ético e crítico (Sousa; Hunger, 2019).

A essa altura, você deve estar se perguntando: Como atingir essas competências de maneira prática no ambiente escolar? Pois é justamente sobre isso que trataremos no Capítulo 2.

‖ *Síntese*

Neste capítulo, vimos que a história da dança acompanha a história da vida humana e, dessa forma, ela serve e assimila as mudanças sociais e culturais típicas de cada período, local e regionalidade. Sendo inicialmente utilizada em rituais religiosos e comemorações sociais (caça, colheita, casamentos, nascimentos etc.), a dança passou gradativamente a ser apreciada como arte. Assim como as outras artes, ela foi fortemente influenciada pela Revolução Francesa, pelo Renascentismo e pelos ares da pós-modernidade.

De maneira didática, apresentamos alguns conceitos de dança, mas deixamos claro que se trata de um conceito aberto, o qual dependerá das experiências individuais com o objeto. Dessa forma, cabe aos professores proporcionarem ao estudante uma vivência significativa com a dança, para além da imitação de gestos predefinidos. Além disso, advertimos sobre a necessidade da comunicação com a comunidade escolar, no sentido de romper com as apresentações de dança voltadas para eventos escolares em que as crianças reproduzem uma sequência previamente ensaiada, sem a participação ativa no processo.

Na sequência, identificamos a dança como uma importante manifestação cultural. Sabemos que a cultura está diretamente relacionada à história de um povo. Sendo assim, os aspectos culturais da dança correspondem ao uso e ao estilo das danças em diferentes locais e/ou períodos históricos. Vimos também que uma manifestação cultural está sempre influenciando a outra e será ou é influenciada por uma terceira.

Os aspectos sociais e psicológicos da dança foram apresentados, sobretudo, no sentido de enaltecer os benefícios de sua prática. O uso da dança como forma de expressão e linguagem corporal auxilia sobremaneira no processo de autoconhecimento, melhora a autoestima, estimula a criatividade e possibilita a socialização entre os dançantes. É importante reforçar que essas são competências fundamentais para a formação humana.

▮▮▮ *Indicações culturais*

BILLY ELLIOT. Direção: Stephen Daldry. Reino Unido: Tiger Aspect Pictures, 1999. 110 min.

O filme *Billy Elliot* é uma produção franco-britânica do início do milênio, que se passa no contexto de uma pequena cidade britânica na década de 1980. O enredo gira em torno do protagonista Billy Elliot, o qual se apaixona pela prática da dança. Numa sociedade em que apenas as meninas praticavam o balé, Billy se destaca pela perseverança, paixão e coragem para enfrentar a família e os preconceitos típicos da época. O filme evoca diversas discussões importantes para a arte da dança. Por exemplo: a maneira de educação dos corpos impostas nas escolas de balé; o preconceito em relação à prática da dança por meninos; o uso da dança como fuga da realidade, ou seja, os efeitos positivos psicológicos do dançar.

▮ *Atividades de autoavaliação*

1. Tendo em vista os aspectos históricos da dança, observe as afirmativas a seguir e marque a alternativa verdadeira:

    a) A dança de exibição foi praticada desde as sociedades primitivas.

    b) A civilização grega somente utilizava a dança para rituais de culto aos deuses.

    c) Na Idade Média, as práticas corporais foram banidas e, com isso, ninguém mais praticou a dança.

d) O primeiro corpo de baile, criado na Idade Moderna, era composto exclusivamente por mulheres.

e) A modernidade trouxe uma nova perspectiva para a dança, permitindo assim a desconstrução das técnicas rígidas impostas pela dança clássica.

2. Vimos que a dança pode ser conceituada de diversas maneiras e que tal concepção sobre o tema irá refletir na maneira de se trabalhar com esse conteúdo na escola. Sendo assim, observe as afirmativas a seguir.

I. A dança pode ser classificada em forma ou expressão. Na primeira, entende-se que a dança se constitui de passos ensaiados e fundamentados numa técnica específica. Na segunda, ela está relacionada à possibilidade do uso do movimento para expor sentimentos e emoções.

II. Para se ter uma boa qualidade no trabalho com o conteúdo de dança no contexto escolar, faz-se necessário que o professor seja um especialista na área.

III. A dança como manifestação corporal está intimamente relacionada com a música, ainda que não seja obrigatória para que a dança exista.

IV. As apresentações de dança nas escolas devem ser priorizadas, pois ensinam aos alunos a superar a timidez e melhorar a postura.

Agora, marque a alternativa correta:

a) Apenas as afirmativas I e II são verdadeiras.

b) Apenas as afirmativas III e IV são verdadeiras.

c) Apenas as afirmativas I e III são verdadeiras.

d) Apenas as afirmativas II e IV são verdadeiras.

e) Todas as afirmativas são verdadeiras.

3. Observe o excerto a seguir e, em seguida, marque a alternativa **incorreta**:

> Atualmente, com avanço da globalização e das tecnologias, tornou-se universalizada a maneira de se vestir, divertir-se, comunicar-se e de se expressar. Foram padronizados certos hábitos juntamente com o aumento da hegemonização cultural. Nesse sentido, as manifestações através da cultura representam um componente de resistência, que com suas danças, costumes e valores, preservam as especificidades e identidades locais. (Giovanaz; Wagner, 2018, p. 59)

a) As danças folclóricas são as manifestações observadas no contexto da cultura informal.

b) As danças da moda, que existem no contexto comercial ou de consumo, são consideradas danças folclóricas.

c) A cultura é uma consequência da interação ininterrupta entre pessoas de determinadas regiões.

d) A dança é um importante objeto de propagação de hábitos e tradições de um povo.

e) Não se deve dizer que determinada cultura é atrasada.

4. A dançarina revolucionária da dança moderna, Martha Graham, afirmou: "a dança é a linguagem escondida da alma". Sobre os aspectos psicológicos que envolvem o dançar, observe as afirmativas a seguir.

I. A dança é capaz de desenvolver a criatividade dos praticantes, mesmo quando usamos o conteúdo para ensaiar coreografias ensinadas pelo professor.

II. A dançaterapia é o estudo da dança sobre o viés dos aspectos psicológicos que a envolvem.

III. A dança é capaz de alterar a imagem e a percepção de si, na medida em que o indivíduo experimenta, descobre e explora seu corpo no movimento do dançar.

IV. A dança tem potencial para ser um instrumento de desenvolvimento de competências essenciais para o aluno enquanto cidadão do mundo, entre elas, o pensamento criativo, a gestão de conflitos e a inteligência emocional.

Agora, marque a alternativa correta:

a) Apenas as afirmativas I e II são verdadeiras.
b) Apenas as afirmativas II e III são verdadeiras.
c) Apenas as afirmativas III e IV são verdadeiras.
d) Apenas as afirmativas II e IV são verdadeiras.
e) Todas as afirmativas são verdadeiras.

5. Observe o excerto a seguir:

> na educação escolar, assim como em outros âmbitos nos quais se processa a aprendizagem da dança, uma proposta contemporânea de ensino de dança relaciona-se a um modo peculiar de compreender e agir em relação aos sujeitos desse processo, ou seja, independentemente do gênero ou estilo de dança adotado pelo professor em sala de aula, a contemporaneidade de uma proposta pedagógica em dança revela-se em determinadas atitudes e procedimentos práticos que objetivam transformações evidenciadas no movimento artístico do tempo presente. (Corrêa; Santos, 2014, p. 510)

Tendo em vista a proposta contemporânea de ensino da dança proposta pelos autores, marque a alternativa **incorreta**:

a) A condução do conteúdo de dança deve fomentar a capacidade crítica do aluno, especialmente no que tange às questões sociais nela imbricadas.

b) O ensino de danças tradicionais, tais como o balé clássico, o sapateado e a dança de salão, não são recomendados no ambiente escolar, pois reforçam padrões estéticos e movimentos automatizados.

c) A dança promove a socialização dos praticantes, auxiliando no processo de quebra de preconceitos e, consequentemente, contribuindo para a inclusão social.

d) A relação interpessoal que ocorre numa aula de dança deve superar o ato de compartilhar passos específicos e coordenar movimentos preestabelecidos.

e) É possível utilizar de maneira pedagógica as danças que envolvem o toque entre corpos para a reflexão sobre os aspectos sociais que circundam o corpo.

Atividades de aprendizagem

Questões para reflexão:

1. Tendo em vista que a dança foi praticada na corte inicialmente apenas por homens, justifique a inversão abrupta de valores (cultura), de modo que atualmente "os homens que adentram tal espaço sejam vistos de forma estigmatizada pelo senso comum" (Souza; Capraro, 2021, p. 357).

2. Observamos que a dança pode ser uma potente ferramenta de expressão da cultura corporal. Além disso, destacamos os inúmeros benefícios da prática da dança no ambiente escolar. Sendo assim, qual deve ser o entendimento (conceito) de dança para que a aula alcance tais benefícios e, de fato, promova os aspectos socioculturais que a envolvem?

Atividade aplicada: prática

1. Produza uma linha do tempo com os principais marcos históricos da dança no mundo. Lembre-se de sinalizar o uso da dança em cada um dos períodos.

Capítulo 2

Escola em dança

Pauline Iglesias Vargas

Ao **tratarmos** da escola, estamos nos referindo a um espaço coletivo onde ocorre a formação humana integral. Ademais, tal espaço está circundado por uma cultura local e, por isso, deve-se sempre considerar as possibilidades de o professor contribuir para a formação integral do aluno (Tondin; de Bona, 2020).

A dança, por sua vez, ainda que seja um conteúdo marcado dos componentes curriculares de educação física e arte, está presente na escola de diferentes maneiras. Por exemplo: ela é constantemente utilizada nas cantigas de roda que tanto agradam os pequenos da educação infantil; ela serve como meio para a assimilação/síntese de conteúdos de outros componentes curriculares, tais como história, geografia, português; ela está presente nas festividades escolares; os jovens, nos momentos de descontração, compartilham e reproduzem danças midiáticas (Corrêa; Jesus; Hoffmann, 2018).

Portanto, entendemos que a escola é um espaço fértil e promissor para a promoção da dança, seja por esta ser uma importante manifestação cultural, conforme vimos no capítulo anterior, seja por sua tamanha versatilidade e capacidade de encantamento dos praticantes. Dessa forma, o presente capítulo tem por objetivo compreender o desenvolvimento e a aplicação da dança no contexto escolar. Para fins didáticos, o capítulo está dividido em cinco tópicos, a saber: as bases legais que respaldam o ensino da dança em ambiente escolar; os motivos de se aplicar a dança como ferramenta de educação na escola; os tipos e movimentos de dança que podem ser aplicados na escola; os meios de aplicação da dança no contexto escolar; e o planejamento de uma aula de dança.

2.1 Bases legais da dança em ambiente escolar

Inicialmente, é necessário reforçar que a dança é componente curricular obrigatório na educação básica: na educação infantil, enquanto uma das linguagens a ser explorada; no ensino fundamental e no ensino médio, como unidade temática do componente curricular de arte e de educação física (Brasil, 2017). Tal situação evidencia a dificuldade de setorizar o ensino, especialmente ao tratarmos de uma manifestação cultural, a qual poderíamos facilmente incluir em outros componentes curriculares – por exemplo, em história (Corrêa; Santos, 2014).

A Lei de Diretrizes e Bases da Educação Nacional (LDB) – Lei n. 9.394, de 20 de dezembro de 1996 (Brasil, 1996) – estabelece os princípios da educação básica brasileira, tanto na esfera pública quanto na privada, e está em consonância com a Constituição Federal (Brasil, 1988). Tal documento enfatiza a obrigatoriedade tanto do ensino da educação física quanto da arte nas escolas nacionais.

Como desdobramentos da LBD, outros documentos norteadores foram construídos, a saber: os Parâmetros Curriculares Nacionais (PCN) (Brasil, 1997a, 1997b, 1998); as Diretrizes Curriculares Nacionais para a Educação Infantil – DCNEI (Brasil, 2010b); as Diretrizes Curriculares Nacionais para o Ensino Fundamental de 9 anos (Brasil, 2010a); as Diretrizes Curriculares Nacionais Gerais da Educação Básica (Brasil, 2013); e a Base Nacional Comum Curricular – BNCC (Brasil, 2017).

Prevista na LDB, a BNCC norteia os currículos dos sistemas e das redes de ensino e as propostas pedagógicas de todas as escolas públicas e privadas brasileiras de educação básica (Brasil, 2017). O documento define o conjunto orgânico e progressivo de aprendizagens essenciais e competências gerais que todos os alunos devem desenvolver ao longo das etapas (educação infantil, ensino fundamental e ensino médio), portanto, o documento tem grande impacto nos currículos e nas atividades escolares (Diniz; Darido, 2019; Vieira, 2018).

Conforme anunciado na BNCC (Brasil, 2017), a dança é uma prática pedagógica desde a educação infantil. É nessa etapa que as brincadeiras e interações devem prevalecer para garantir os direitos de aprendizagem e o desenvolvimento da criança. O referido documento apresenta os campos de experiências necessários à educação de crianças, sendo que o que mais se aproxima da dança são o **corpo**, os **gestos** e os **movimentos**.

O foco do conhecimento sobre o corpo na educação infantil está centrado na experiência e nas relações com o ambiente e demais colegas. Dentre os objetivos específicos de aprendizagem da educação infantil, sistematizamos no Quadro 2.1 aqueles que envolvem o dançar.

Quadro 2.1 Objetivos de aprendizagem e desenvolvimento de dança na educação infantil

Bebês (zero a 1 ano e 6 meses)	Crianças bem pequenas (1 ano e 7 meses a 3 anos e 11 meses)	Crianças pequenas (4 anos a 5 anos e 11 meses)
Vivenciar diferentes ritmos, velocidades e fluxos nas interações e brincadeiras (em danças, balanços, escorregadores etc.).	Explorar formas de deslocamento no espaço (pular, saltar, dançar), combinando movimentos e seguindo orientações.	Criar com o corpo formas diversificadas de expressão de sentimentos, sensações e emoções, tanto nas situações do cotidiano quanto em brincadeiras, dança, teatro, música.
		Criar movimentos, gestos, olhares e mímicas em brincadeiras, jogos e atividades artísticas como dança, teatro e música.
		Observar e descrever mudanças em diferentes materiais, resultantes de ações sobre eles, em experimentos envolvendo fenômenos naturais e artificiais.

Fonte: Elaborado com base em Brasil, 2017, p. 45-47.

Já no ensino fundamental, o componente curricular de arte é composto por unidades temáticas que representam as quatro linguagens artística, a saber: o teatro, as artes visuais, a música e, é claro, a dança. Tais unidades temáticas devem ser abordadas no contexto escolar articulando seis dimensões de conhecimento (criação, crítica, estesia, expressão, fruição e reflexão). A dança, em específico, é caracterizada "como prática artística pelo pensamento e sentimento do corpo, mediante a articulação dos processos cognitivos e das experiências sensíveis implicados no movimento dançado" (Brasil, 2017, p. 195).

O documento reforça que o ensino da dança deve estar centrado na investigação e na produção que envolve o corpo. Dessa forma, orienta-se que o trabalho seja realizado no sentido de problematizar e transformar percepções sobre o corpo e a dança, a fim de romper com conceitos binários, como corpo e mente. Para isso, o ensino de arte está organizado em nove competências específicas para o ensino fundamental e prevê os seguintes objetos de conhecimento para a unidade temática dança: contexto e práticas; elementos da linguagem; e processos de criação. Para cada um dos objetos, são descritas as habilidades relacionadas à linguagem verbal e não verbal, conforme Quadro 2.2.

Quadro 2.2 Habilidades de dança em arte

Anos iniciais (1º ao 5º ano)	Anos finais (6º ao 9º ano)
Experimentar e apreciar formas distintas de manifestações da dança presentes em diferentes contextos, cultivando a percepção, o imaginário, a capacidade de simbolizar e o repertório corporal.	Pesquisar e analisar diferentes formas de expressão, representação e encenação da dança, reconhecendo e apreciando composições de dança de artistas e grupos brasileiros e estrangeiros de diferentes épocas.

(continua)

(Quadro 2.2 – conclusão)

Anos iniciais (1º ao 5º ano)	Anos finais (6º ao 9º ano)
Estabelecer relações entre as partes do corpo e destas com o todo corporal na construção do movimento dançado.	Explorar elementos constitutivos do movimento cotidiano e do movimento dançado, abordando, criticamente, o desenvolvimento das formas da dança em sua história tradicional e contemporânea.
Experimentar diferentes formas de orientação no espaço (deslocamentos, planos, direções, caminhos etc.) e ritmos de movimento (lento, moderado e rápido) na construção do movimento dançado.	Experimentar e analisar os fatores de movimento (tempo, peso, fluência e espaço) como elementos que, combinados, geram as ações corporais e o movimento dançado
Criar e improvisar movimentos dançados de modo individual, coletivo e colaborativo, considerando os aspectos estruturais, dinâmicos e expressivos dos elementos constitutivos do movimento, com base nos códigos de dança.	Investigar e experimentar procedimentos de improvisação e criação do movimento como fonte para a construção de vocabulários e repertórios próprios.
Discutir, com respeito e sem preconceito, as experiências pessoais e coletivas em dança vivenciadas na escola, como fonte para a construção de vocabulários e repertórios próprios.	Investigar brincadeiras, jogos, danças coletivas e outras práticas de dança de diferentes matrizes estéticas e culturais como referência para a criação e a composição de danças autorais, individualmente e em grupo.
	Analisar e experimentar diferentes elementos (figurino, iluminação, cenário, trilha sonora etc.) e espaços (convencionais e não convencionais) para composição cênica e apresentação coreográfica.
	Discutir as experiências pessoais e coletivas em dança vivenciadas na escola e em outros contextos, problematizando estereótipos e preconceitos.

Fonte: Elaborado com base em Brasil, 2017, p. 200-211.

É importante ressaltar que há também a menção do ensino de dança enquanto uma das linguagens no ensino médio, seja na disciplina de Arte, seja na de Educação Física. No entanto, não há uma apresentação detalhada das habilidades que devem ser enfocadas.

O documento indica que, uma vez passado pelo ensino fundamental, o aluno já terá vivenciado uma gama significativa de práticas e, assim, a proposta para o ensino médio é estimular a autonomia.

Por fim, temos o componente curricular de educação física, o qual está organizado em seis unidade temáticas, entre elas, a dança. A BNCC (Brasil, 2017, p. 218) reforça que se trata de práticas corporais "caracterizadas por movimentos rítmicos, organizados em passos e evoluções específicas, muitas vezes também integradas a coreografias". O ensino da educação física está pautado em oito dimensões do conhecimento (experimentação, uso e apropriação, fruição, reflexão sobre a ação, construção de valores, análise, compreensão e protagonismo comunitário), as quais irão embasar o desenvolvimento das habilidades específicas. Para os anos iniciais, as habilidades estão organizadas por objetos de conhecimento, sendo eles: danças do contexto comunitário e regional; danças do Brasil e do mundo; e danças de matriz indígena e africana, conforme é possível observar no Quadro 2.3.

Quadro 2.3 Habilidades de dança na educação física (anos iniciais)

1º e 2º ano	3º ao 5º ano
Experimentar e fruir diferentes danças do contexto comunitário e regional (rodas cantadas, brincadeiras rítmicas e expressivas), e recriá-las, respeitando as diferenças individuais e de desempenho corporal.	Experimentar, recriar e fruir danças populares do Brasil e do mundo e danças de matriz indígena e africana, valorizando e respeitando os diferentes sentidos e significados dessas danças em suas culturas de origem.

(continua)

(Quadro 2.3 – conclusão)

1º e 2º ano	3º ao 5º ano
Identificar os elementos constitutivos (ritmo, espaço, gestos) das danças do contexto comunitário e regional, valorizando e respeitando as manifestações de diferentes culturas.	Comparar e identificar os elementos constitutivos comuns e diferentes (ritmo, espaço, gestos) em danças populares do Brasil e do mundo e danças de matriz indígena e africana.
	Formular e utilizar estratégias para a execução de elementos constitutivos das danças populares do Brasil e do mundo e das danças de matriz indígena e africana.
	Identificar situações de injustiça e preconceito geradas e/ou presentes no contexto das danças e demais práticas corporais e discutir alternativas para superá-las.

Fonte: Elaborado com base em Brasil, 2017, p. 226-229.

Já para os anos finais do ensino fundamental, o documento organiza os objetos de conhecimento em danças urbanas e danças de salão. Além disso, descreve as habilidades a serem desenvolvidas, conforme Quadro 2.4.

Quadro 2.4 Habilidades de dança na educação física (anos finais)

6º e 7º ano	8º ao 9º ano
Experimentar, fruir e recriar danças urbanas, identificando seus elementos constitutivos (ritmo, espaço, gestos).	Experimentar, fruir e recriar danças de salão, valorizando a diversidade cultural e respeitando a tradição dessas culturas.
Planejar e utilizar estratégias para aprender elementos constitutivos das danças urbanas.	Planejar e utilizar estratégias para se apropriar dos elementos constitutivos (ritmo, espaço, gestos) das danças de salão.

(continua)

(Quadro 2.4 – conclusão)

6º e 7º ano	8º ao 9º ano
Diferenciar as danças urbanas das demais manifestações da dança, valorizando e respeitando os sentidos e significados atribuídos a eles por diferentes grupos sociais.	Discutir estereótipos e preconceitos relativos às danças de salão e demais práticas corporais e propor alternativas para sua superação.
	Analisar as características (ritmos, gestos, coreografias e músicas) das danças de salão, bem como suas transformações históricas e os grupos de origem.

Fonte: Elaborado com base em Brasil, 2017, p. 233-237.

Agora que já apresentamos as bases legais que respaldam o ensino da dança em ambiente escolar, iremos avançar no sentido de problematizar a presença dela nesse espaço.

2.2 Por que dançar na escola?

Antes mesmo de discutirmos a relevância do ensino da dança no ambiente escolar brasileiro, faz-se necessário pontuar que é comum que as escolas particulares, especialmente de educação infantil, ofereçam a prática da dança ou, mais especificamente, do balé como atividade extracurricular. Via de regra, são as meninas que frequentam tais atividades e as aulas são realizadas com uniformes padronizados, como *collants*, meias-calças e sapatilhas. No entanto, tal atividade tem enfoque na dança clássica e, na maioria das vezes, tem por objetivo principal o ensino da técnica e a realização de apresentações em teatros com figurinos especiais (Tadra et al., 2012). Há muito que possa ser problematizado e questionado sobre esse formato de atividades extracurriculares, no entanto, nosso foco é a dança curricular, amparada pelas bases legais que tratam da educação brasileira, conforme dito anteriormente.

Ao buscarmos os motivos da presença da dança no ambiente escolar, deparamo-nos com a necessidade de extrapolar a análise sobre esferas maiores.

Pausa para reflexão

Qual o papel da escola na sociedade? O que devemos priorizar na educação brasileira? Que tipo de cidadão queremos formar?

Em consonância com a BNCC (Brasil, 2017), acreditamos que o papel da escola é muito mais do que apresentar conteúdos de diferentes componentes curriculares. O ensino por competências (éticas, humanas e técnicas) favorece que o aluno seja capaz de questionar e encontrar soluções para os diferentes problemas da sociedade. Com isso, é necessário que esse conteúdo, ou melhor, a unidade temática, seja abordada de maneira dinâmica, colocando o estudante no centro do processo de ensino-aprendizagem.

Nessa esteira, temos a escola enquanto local de formação integral cidadã, a qual deve priorizar os princípios éticos, democráticos, sustentáveis, inclusivos e solidários. O que nos leva a outra reflexão: Seria possível a dança contribuir para tal formação? Certamente que sim! Nas palavras de Isabel Marques (1997, p. 23), a dança "é forma de conhecimento, elemento essencial para a educação do ser social". Mas ainda há que se perguntar: De quem é a responsabilidade? Seria dos professores de Educação Física ou de Arte? Vimos no tópico anterior que, mesmo na BNCC, tal dilema não está resolvido. Strazzacappa e Morandi (2013) apresentam uma visão histórica da construção desses subcampos e criticam a influência que o discurso científico (político e reacionário) impõe ao saber artístico. Ainda que não seja nosso objetivo aqui apresentar uma resposta para tais questionamentos, é importante dizer que há um conflito entre as áreas que vai além dos muros escolares. A questão da regulamentação da profissão de educação física, por exemplo, gerou um embate sobre quais seriam os profissionais habilitados para atuar com dança em academias e espaços informais (Tondin; de Bona, 2020).

Sendo assim, independentemente de quem irá promover a dança no ambiente escolar, temos a dança enquanto importante ferramenta de formação cidadã. Isso porque acreditamos que a dança é uma manifestação cultural e, portanto, por meio dela é possível identificar, refletir e desconstruir crenças, valores, culturas, resistências e outros importantes traços socioculturais identitários (Barbosa; Moreira, 2018).

Nessa perspectiva, ao desenvolvermos a unidade temática de dança, seja nas aulas de Educação Física, seja nas de Arte, estamos valorizando os aspectos históricos e culturais da humanidade por meio do corpo. Nesse sentido, precisamos lembrar que são poucos os momentos em que é dada liberdade de movimentação corporal aos estudantes, pois, infelizmente, ainda seguimos um padrão de instituição de ensino em que os alunos ficam sentados (quando não, perfilados) a maior parte do tempo em que estão na escola. Por isso, as práticas corporais são altamente capazes de contribuir para os aspectos emocionais e sociais dos estudantes, conforme vimos no Capítulo 1.

No sentido de justificar a presença da dança curricular, Sousa, Hunger e Caramaschi (2010) nos lembram que a dança, na perspectiva educacional, promove o desenvolvimento físico, mental, afetivo e social do participante. Os autores enfatizam que, por meio do dançar, oportunizamos à criança o desenvolvimento da capacidade de criação. Ademais, a dança, enquanto linguagem universal, mostra-se como uma importante ferramenta de comunicação e expressão. Por isso, concordamos com Marques (2012, p. 5-6), ao afirmar que, no ambiente escolar, a dança "deve ser capaz de possibilitar ao aluno conhecer-se, conhecer os outros e inserir-se no mundo de modo comprometido e crítico".

Ainda assim, ressalta-se que, para que a dança contribua para a formação cidadã, no sentido de desenvolver competências e habilidades que irão além do conhecer e do experimentar, faz-se necessário que esteja alinhada com o trato pedagógico. Assim dizendo, cabe aos professores e à comunidade escolar a reflexão sobre qual dança e de que forma esta deve ser promovida no ambiente escolar, assuntos que serão abordados a seguir.

2.3 O que dançar na escola?

Conforme indicamos no tópico anterior, há uma severa crítica ao ensino da dança clássica no ambiente escolar. Isso porque é questionável o valor educativo de uma prática em que são exaltados os talentos e a repetição é o método central da aprendizagem (Scarpato, 2001). No entanto, não quer dizer que a dança clássica não deva ser abordada no contexto escolar, pelo contrário. Ela é uma importante ferramenta de construção e desconstrução de valores estéticos e morais, compreensão da história do corpo e da arte e, além disso, pode servir de aporte para discussões de padrões sociais impostos em nossa sociedade.

Por isso, recomendamos que, durante o processo educativo, seja enfatizado o papel social, político e cultural do corpo nas diferentes sociedades (Marques, 2003). Pela reflexão crítica sobre o corpo e a sociedade, não há conteúdo proibido ou não recomendado para o contexto escolar. Contudo, há que se valorizar a cultura regional, nacional e do mundo de maneira reflexiva.

Pausa para reflexão

Existe sentido educativo numa dança midiática em que os artistas rebolam e realizam gestos sexualizados?

Primeiro, precisamos entender que os estudantes tendem a preferir aquilo que já conhecem, especialmente quando já tiveram experiências anteriores. Isso não quer dizer que vamos reproduzir tais danças e exaltá-las no contexto escolar, mas negá-las seria imprudente. Precisamos provocar nos nossos alunos a reflexão sobre como o corpo feminino é visto e tratado numa dança como essa. Também temos a oportunidade de fazê-los questionar o papel da mídia numa sociedade em que os veículos de comunicação são altamente influenciados por questões políticas e ideológicas. O próprio sucesso internacional de artistas brasileiros e o reconhecimento desse tipo de dança como típicas do nosso país devem ser problematizados na escola.

A título de exemplo, seria possível usar a produção cinematográfica *Rio* para questionar a representação estereotipada da sociedade brasileira. A animação foi dirigida por um brasileiro, Carlos Saldanha, mas, ainda assim, apresentou um Brasil caricato, no qual o futebol e o samba são o eixo central da trama. Há que se contextualizar que o longa foi lançado em 2011, poucos anos antes do país sediar dois grandes eventos esportivos: a Copa do Mundo (2014) e os Jogos Olímpicos (2016). Portanto, havia um apelo internacional. Ainda assim, a representação da música, da dança e da nossa cultura ficou resumida a um chavão.

Por outro lado, podemos utilizar outras obras cinematográficas para promover a cultura popular brasileira. Nessa esteira, poderíamos convidar os alunos a buscar tais produções. Dessa forma, mais do que a crítica do que não se deve fazer no ambiente escolar, esse tópico tem por objetivo a apresentação dos tipos de movimentos de dança que podem e devem ser explorados na escola.

Indicações culturais

DANÇAS brasileiras. Direção: Belisário Franca. Brasil: Giros Produções, 2004. 11 episódios. Disponível em: <https://tamandua.tv.br/series/serie.aspx?serieId=417>. Acesso em: 16 dez. 2022.

Para auxiliar na discussão, assista ao documentário *Danças brasileiras*. Nessa produção nacional, que conta com 11 episódios, os artistas Antônio Nóbrega e Rosane Almeida apresentam as "danças clássicas brasileiras", são elas: o samba, o maracatu, o candomblé e tambor de mina, as danças gaúchas e Irmãos Aniceto, batuque paulista e jongo, cavalo-marinho e reisado, caboclinho e toré, moçambique e coco alagoano, boi bumbá, mestre sala e porta bandeira, tambor de crioula e coco zambe, frevo e capoeira. O objetivo do documentário é justamente criar e sistematizar a linguagem de movimentos corporais das danças populares brasileiras.

Obviamente que faz parte da docência apresentar aos alunos outras opções, isto é, aumentar o repertório artístico cultural deles por meio da música, do esporte e do dançar! Por isso, incentivamos os professores a sair de suas zonas de conforto e avançar no sentido de oferecer a ampliação da cultura aos estudantes. Uma dica para a escolha de tal repertório é questionar se ele oferecerá uma variedade de tempos, relações e espaços para os estudantes. Marques (2012, p. 40) explica que, ao selecionar o repertório, é necessário refletir acerca das potencialidades educacionais, "para que se tornem fontes de problematização e conhecimento e não somente uma cópia ingênua de passos".

Ao observar os quadros apresentados na Seção 2.1, é possível afirmar que, atualmente, há um maior direcionamento para o que deve ser "dançado na escola". Dessa forma, identificamos que o movimento corporal na educação infantil deve estar focado no conhecimento do corpo, tanto no sentido dos limites do próprio corpo quanto em relação ao corpo do outro. Além disso, a experimentação dos diferentes ritmos, gestos, velocidades, materiais e espaços deverá dar vazão à expressão e ao processo criativo (Brasil, 2017; Vieira, 2018).

No ensino fundamental, seja no componente curricular de arte, seja no de educação física, observamos que a unidade curricular de dança segue a mesma lógica dos demais. Isto é, parte-se do contexto local para depois avançar no sentido de conhecer, analisar e problematizar as conjunturas nacionais e internacionais. Portanto, inicialmente, os alunos teriam o contato com as danças que fazem parte do contexto comunitário e regional, ou seja, as cantigas de roda, tais como: capelinha de melão, marcha soldado, caranguejo não é peixe, borboletinha, adoletá, ciranda-cirandinha, salada-saladinha etc. (Brasil, 2017; Santos; Andrade, 2020).

Sugere-se para os anos iniciais que o enfoque esteja na experimentação, tanto individual quanto em grupo. O movimento rítmico deve ser explorado com todas as suas variações, sejam elas de velocidade (lento, moderado e rápido), sejam de orientação no espaço, ou seja, com o uso dos diferentes planos (baixo, médio e alto), sejam ainda diferentes direções (para frente, para trás, lateral, diagonal, para cima, para baixo, sinuoso etc.). As formas de deslocamento nesse espaço e num determinado ritmo também devem ser experimentadas, por exemplo, saltar, rastejar, girar, rolar etc. A dança pode ser realizada por uma parte do corpo para, então, haver a construção do movimento completo.

Já para os anos finais, de maneira geral, espera-se avançar no sentido de ampliar o repertório cultural dos alunos. Por isso, é interessante que sejam apreciadas as danças brasileiras e estrangeiras, de forma a abordar de maneira crítica a construção social das diferentes matrizes culturais, sejam elas europeias, sejam africanas, sejam indígenas. As danças urbanas têm papel destacado na construção da identidade juvenil. Já as danças de salão estão fortemente presentes nas festas da nossa cultura, como casamentos e festas de 15 anos (Brasil, 2017; Corrêa; Santos, 2014).

A pergunta que está colocada no título desta seção foi respondida por Diniz e Darido (2019) em estudo recente. As autoras entrevistaram professores de dança dos principais cursos de Educação Física do Brasil e, apesar de identificarem a dificuldade em responder de modo enfático e sistemático o que deve ser ensinado sobre dança, em específico para o ensino médio, elas detectaram alguns fatores primordiais para tal. Nesse sentido, destacam-se os aspectos históricos e culturais, o ritmo e a expressividade, o conceito de dança e o espaço para a criação. Acerca do tipo do movimento, as autoras identificaram três blocos de conteúdos, especificamente: as danças de salão, as danças populares e as danças urbanas – as quais serão tratadas com ênfase na aplicabilidade no Capítulo 4 desta obra.

Apesar de serem importantes fontes de conhecimento, não é só de repertório (tipos de dança: balé clássico, *jazz*, sapateado, funk, bolero etc.) que a dança se constitui. A maneira com que cada um desses estilos de dança é escolhido, ensinado e aprofundado é fundamental para que o aprendizado seja significativo para a formação cidadã (Marques, 2012).

2.4 Como dançar na escola?

Agora que você pôde compreender os tipos de movimento de dança que podem ser aplicados no contexto escolar, vamos avançar no sentido de entender os meios de aplicação da dança no contexto escolar. Já sabemos que a dança da escola é muito mais do que a reprodução de passos previamente estabelecidos; ela deve possibilitar a compreensão do movimento, numa perspectiva histórica e cultural, assim como a criação e a transformação do gesto em algo que faça sentido ao estudante (Strazzacappa; Morandi, 2013).

Quando falamos em dar sentido aos gestos, estamos reforçando a necessidade de o aluno sentir e perceber a dança em seu corpo. Por isso, concordamos com Marques (2003) ao afirmar que dança é sentimento e emoção. No entanto, isso não quer dizer que dançar livremente seja o caminho para o uso pedagógico da dança, especialmente porque a falta de conhecimento prévio sobre o dançar e a própria dificuldade de compreensão dos sentimentos expressos (ou não) poderão gerar o não movimento, ou, ainda, uma desordem total, ambos sem sentido e significado formativo. A mesma lógica serve para o processo criativo que está imbricado nessas aulas. A criação deve ser realizada mediante conhecimentos prévios e com objetivo claramente estabelecido, pois somente dessa maneira o estudante será capaz de dar sentido ao movimento corporal, sobrepondo a questão estética à contemplativa (Souza, 2021).

Sendo assim, é necessário que a aula de dança parta "do pressuposto de que o movimento é uma forma de expressão e comunicação do aluno, objetivando torná-lo um cidadão crítico, participativo e responsável, capaz de expressar-se em variadas linguagens, desenvolvendo a autoexpressão e aprendendo a pensar em termos de movimento" (Sousa; Hunger; Caramashi, 2014, p. 507).

O "fazer-pensar" a dança é justamente a proposta educativa de Marques (2003), na qual a autora sugere que as relações que ocorrem no dançar sejam sempre problematizadas a partir do contexto dos alunos (sempre considerando aquilo que eles já conhecem e o que faz parte da cultura regional e local) e do que ela chama de *textos* e *subtextos* da dança que versam acerca dos seguintes questionamentos: O que se move? Quem se move? Onde? Como se move? Por que se move?

Esse momento de reflexão, pesquisa, construção e desconstrução seria parte fundamental da aula de dança, no qual os alunos teriam a oportunidade de conhecer mais sobre o corpo, seja o próprio ou do outro e de suas possíveis relações. Inclusive os aspectos funcionais do corpo poderiam ser abordados, tais como as partes do corpo, o sistema musculoesquelético, as alavancas do movimento, a diferença de tonicidade, a influência da gravidade no dançar etc.

Para alcançar tais objetivos, é possível organizar a aula de acordo como os quatros fatores do movimento postulados por Rudolf Laban, em uma de suas obras clássicas. São eles a **fluência**, ou seja, a relação entre um movimento e outro, seja ele parado, seja contínuo, seja, ainda, interrompido; o **espaço**, que está diretamente relacionado ao ambiente em que se dança e a exploração deste, tal como uso de diferentes planos, direções e trajetórias; o **peso**, o qual diz respeito à intenção do movimento, podendo ser leve ou firme, de acordo com a força da gravidade e a contração muscular; e o **tempo**, isto é, o ritmo, a duração e a pulsação da ação (Laban, 1978, 1990). Afinal, para que o corpo dance, é necessária a relação entre esses fatores, os quais serão detalhados na Seção 3.3 desta obra.

Em síntese, acreditamos que cabe ao professor considerar os conhecimentos prévios dos estudantes, escolher com rigor pedagógico os repertórios de dança mais adequados para aquela realidade diagnosticada para, então, apresentá-los e contextualizá-los de maneira teórica e prática, promover a pesquisa, a reflexão e o debate acerca dele e, finalmente, convidar os alunos para a criação e a reconstrução dos repertórios (Marques, 2012; Ribeiro, 2019). Contudo, entendemos que o sucesso da intervenção pedagógica dependerá, sobretudo, do planejamento dessas ações, de maneira sistemática e fundamentada, conforme apresentado na seção a seguir.

2.5 Planejamento de aulas

Antes mesmo de iniciar o planejamento pedagógico, faz-se necessário a consulta dos referenciais que norteiam a educação básica. Em primeiro lugar, é preciso considerar a legislação atual, conforme apresentamos na Seção 2.1 desta obra. Depois disso, é fundamental observar o projeto político pedagógico da instituição de ensino em que se está inserido e, consequentemente, o currículo. É importante lembrar que a BNCC não é o currículo, mas o referencial para sua construção. Isso porque cabe a cada escola elaborar seu currículo de modo a contemplar as necessidades, as possibilidades e os interesses dos estudantes e da comunidade local. De maneira símile, é fundamental a valorização das identidades linguísticas, étnicas e culturais (Brasil, 2017). Por essa razão,

> BNCC e currículos têm papéis complementares para assegurar as aprendizagens essenciais definidas para cada etapa da Educação Básica, uma vez que tais aprendizagens só se materializam mediante o conjunto de decisões que caracterizam o currículo em ação. São essas decisões que vão adequar as proposições da BNCC à realidade local, considerando a autonomia dos sistemas ou das redes de ensino e das instituições escolares, como também o contexto e as características dos alunos. (Brasil, 2017, p. 16)

Todo estudante carrega consigo marcas de uma construção sociocultural e, por essa razão, negar o conhecimento prévio dos alunos, seus interesses e suas características identitárias seria desonesto. Além disso, lembramos que é função do docente o planejamento e a ação pedagógica, os quais devem estar em harmonia com o projeto político pedagógico da escola e propiciar a inclusão de todos. Dessa forma, a aula deve contemplar a participação dos alunos, independentemente de sua raça, etnia, gênero ou, ainda, de alguma limitação física ou intelectual (Conceição; Gimenez; Martins, 2021).

Cabe também explorar as possibilidades interdisciplinares do conteúdo, nesse caso específico, da dança. Vimos no Capítulo 1 desta obra a riqueza cultural que pode ser explorada na dança em paralelo com tradicionais componentes curriculares, tal como história e geografia. Sendo assim, de maneira prática, indicaremos o passo a passo da construção do planejamento.

O planejamento deve partir do cronograma do componente curricular, considerando o calendário escolar, possíveis festividades, datas comemorativas ou outra atividade pedagógica que possa interferir na atividade da instituição. Depois disso, organize as unidades temáticas de maneira que haja tempo (número de aulas) para se alcançar os objetivos listados para cada uma delas. Especificamente sobre a unidade temática dança, eleja quais serão os temas abordados, como já dito, considerando as características regionais e singulares de sua escola, o projeto político pedagógico e, é claro, a BNCC.

Dica

Para definir os objetivos de aprendizagem da aula, busque completar a seguinte frase:

"Ao final da aula, o aluno deverá ser capaz de..."

É válido lembrar que não há regra em relação à quantidade de aulas para a abordagem de um determinado tema. Na realidade, tudo dependerá do interesse da turma, das possibilidades de aplicação e da faixa etária dos alunos. Além do mais, cada grupo guarda sua particularidade e, portanto, é praticamente impossível replicar a mesma aula de uma turma para outra.

Ao planejar cada uma dessas aulas, você precisará refletir sobre: Qual o perfil dos estudantes? Qual é o objeto de conhecimento? Quais são os objetivos de aprendizagem? Quais são as competências gerais desenvolvidas? Qual a duração da aula? Quais recursos didáticos disponíveis? Qual a metodologia? Qual avaliação da aprendizagem será aplicada?

Observe que são inúmeras as possibilidades de respostas para as perguntas apresentadas, porém, elas são fundamentais para que o professor possa planejar sua ação pedagógica. Tendo em vista que o aluno deve estar no centro do processo, sugerimos iniciar a aula com questionamentos que irão suscitar a reflexão sobre a temática específica da aula. Por exemplo, numa aula acerca do Hip-Hop será necessário problematizar as origens do estilo musical e as características identitárias dos gestos. Dependendo da cultura local, haverá grande ou pouco conhecimento sobre a temática; além disso, pode ser necessário romper com preconceitos. É possível apresentar a letra da música de Hip-Hop em forma de texto ou mediante leitura, para depois convidar os alunos a refletir sobre o estilo musical e, por conseguinte, sobre a dança que faz parte daquela narrativa.

A experimentação deve ser parte integrante das aulas, razão por que é necessário se lembrar de destinar um momento de vivência da dança. Para esse fim, o docente poderá utilizar diferentes recursos pedagógicos e metodologias de ensino. Os recursos audiovisuais são estratégias interessantes para tal. Lembre-se de que é fundamental organizar previamente os repertórios que serão apresentados, sendo que as músicas e as danças selecionadas para a aula devem passar pelo crivo do discente.

A criação de passos de dança poderá acontecer na aula de maneira individual ou coletiva, mas antes disso é fundamental que o aluno tenha referências. Para isso, é possível lançar mão do uso da tecnologia, inclusive por meio de aplicativos de dança. Os temas transversais devem estar presentes na aula de maneira natural, por exemplo, as questões de gênero e sexualidade podem ser debatidas por meio da letra de uma música ou mesmo dos gestos relacionados.

Sugere-se destinar o final da aula para a reflexão sobre a ação, ou seja, estimular os alunos a se expressarem e, talvez, registrarem o conteúdo daquela aula. Tal expressão não necessariamente precisa ser verbal, pode ser um gesto, uma pose, um desenho ou outra manifestação artística. Ela pode ser parte, inclusive, da avaliação do componente curricular, considerando, é claro, o objetivo elencado para aquela aula. Sendo assim, apresentamos a seguir um modelo de plano de ensino que poderá ser usado para a elaboração de uma aula de dança (Quadro 2.5).

Quadro 2.5 Modelo de plano de ensino

Componente curricular:
Dados da turma:
Professor:
Objeto de conhecimento:
Competências gerais da BNCC:
Competências específicas do componente curricular:
Habilidades da BNCC:
Objetivos de aprendizagem:
Recursos metodológicos:
Desenvolvimento da aula (por etapa e distribuição do tempo):
Avaliação:

Por fim, ressalta-se a importância de registrar o que de fato acontece nas aulas. Tais registros serão fundamentais para encaminhar o planejamento das aulas seguintes, assim como para repensar as possibilidades e barreiras de cada um dos objetos de conhecimento.

▪ *Síntese*

Neste capítulo, abordamos as relações entre a dança e a escola. Para isso, apresentamos as bases legais que respaldam o ensino da dança em ambiente escolar, justificamos sua presença nesse espaço de educação formal, indicamos possibilidades de aplicação e orientamos a construção de um plano de ensino que tematize a dança.

Vimos que os documentos legais que regem as práticas pedagógicas das escolas referenciam a dança enquanto unidade temática durante toda a educação básica. Especificamente, a BNCC, principal documento norteador para todas as escolas brasileiras, apresenta a dança na educação infantil com ênfase na experiência das crianças e em suas relações. Já no ensino fundamental e no ensino médio, identificamos que a dança é uma unidade temática que perpassa tanto o componente curricular de arte quanto o de educação física.

Além disso, a presença da dança no ambiente escolar é justificada por sua grande capacidade de aflorar valores, conceitos e habilidades que irão contribuir para a formação da identidade individual e de grupos sociais. No entanto, para que isso ocorra, lembramos que a dança, nesse ambiente, não deve ser tratada como mera repetição de passos previamente coreografados. Por outro lado, não deve ser uma vivência totalmente livre. Acreditamos no potencial da dança como uma prática que provoque nos alunos a reflexão e a criação por meio das manifestações culturais regionais, nacionais ou mundiais. Por isso, apresentamos um modelo de plano de ensino que poderá auxiliar na construção e na elaboração de aulas que atendam aos objetivos específicos.

Ⅲ *Indicações culturais*

BRINCANTE. Direção: Walter Carvalho. Brasil: Gullane, 2014. 91 min. Disponível em: <https://youtu.be/HXpQwTFIfN8>. Acesso em: 16 dez. 2022.

Brincante é uma produção cinematográfica que trata da cultura e do folclore popular brasileiro por meio da biografia de Antônio Nóbrega. Foi eleito o melhor documentário do Cinema Brasileiro do ano de 2014 e apresenta, de maneira criativa e por diferentes linguagens, elementos da nossa cultura. A música, o teatro e a dança recebem destaque numa história em que a arte é exaltada.

Atividades de autoavaliação

1. A respeito das bases legais que respaldam o ensino da dança em ambiente escolar, observe as afirmativas a seguir.

   I. O ensino da dança é facultativo para os alunos da rede pública de ensino.

   II. A LDB foi um importante documento para a educação brasileira, porém, atualmente foi substituído pela BNCC.

   III. O ensino da dança de salão é exclusivo do componente curricular de educação física.

   IV. A dança, enquanto componente curricular de arte, deve priorizar a experimentação dos diferentes ritmos.

   Estão corretas as afirmativas:

   a) I e II.
   b) II e III.
   c) I e IV.
   d) III e IV.
   e) Nenhuma das afirmativas está correta.

2. São inúmeros os motivos apresentados para a presença da dança no ambiente escolar. Marque o que **não** faz parte:

a) Possibilitar ao aluno conhecer as diferentes manifestações da cultura corporal.

b) Instigar que o aluno reflita sobre os aspectos éticos e morais que as danças representam em cada sociedade.

c) Dar espaço e subsídio para que o aluno seja o protagonista, por meio da criação e da interpretação da dança.

d) Desenvolver a capacidade cardiorrespiratória dos alunos por meio da dança.

e) Proporcionar ao aluno a expressão de sentimentos por meio do movimento.

3. Marque a alternativa que **não** corresponde à resposta para a pergunta posta no enunciado da Seção 2.3: O que dançar na escola?

a) As danças midiáticas nas quais há uma exposição excessiva do corpo e cujos passos exaltam a sexualidade devem ser problematizadas no contexto escolar.

b) As danças das matrizes indígenas e africanas devem ter presença marcada nas aulas de dança.

c) A dança clássica, por sua característica tecnicista e excludente, não deve ser apresentada no contexto escolar.

d) As danças urbanas e as danças de salão fazem parte dos conteúdos da cultura corporal de movimento.

e) O ensino da dança deve ser sempre acompanhado da perspectiva histórico-cultural, do ritmo e da gestualidade nela imbuído.

4. Acerca da forma como o conteúdo da dança deve ser ensinado na escola, observe as afirmativas e marque V para as verdadeiras e F para as falsas.

( ) A escolha do repertório utilizado na aula de dança deve sempre partir do professor, pois ele é quem sabe o que deve ser ensinado.

( ) Para que o estudante desenvolva a capacidade de criação é fundamental que as aulas proporcionem danças livres, nas quais os alunos se movimentem como quiserem.

( ) Para que haja uma aprendizagem significativa nas aulas de dança é essencial que ela seja apresentada com suas características socioculturais, de maneira crítica e reflexiva.

( ) As danças devem ser exploradas na escola com todas as possibilidades de variações que o gesto permite.

Assinale a alternativa que corresponde à ordem correta:

a)   F – F – V – V.
b)   F – V – F – V.
c)   V – V – F – F.
d)   V – F – V – F.
e)   F – F – V – F.

5. Ao elaborar o plano de ensino de um dos componentes curriculares que tematizam a dança, o professor **não** deve:

a)   Considerar o calendário letivo para distribuir as unidades temáticas e, consequentemente, os temas de dança.

b)   Observar as características da turma e da escola e considerar os interesses dos alunos.

c)   Possibilitar a reflexão sobre a ação durante as aulas.

d)   Descrever as atividades da aula para depois estabelecer os objetivos.

e)   Criar estratégias para a participação de todos os alunos.

Atividades de aprendizagem

Questões para reflexão

1. Na BNCC a dança aparece como unidade temática de dois diferentes componentes curriculares no ensino fundamental e no ensino médio. Disserte sobre as implicações de tal repetição de conteúdo e explique a diferença de enfoque nos diferentes componentes curriculares.

2. Para a formação cidadã que a BNCC propõe, faz-se necessário que o professor busque ferramentas para que o aluno seja capaz de questionar e encontrar soluções para os diferentes problemas da sociedade. Nessa esteira, descreva quais cuidados o professor deverá ter para garantir tal formação ao trabalhar com a unidade temática dança.

Atividade aplicada: prática

1. Apresentamos algumas cantigas de roda que fazem parte da cultura corporal brasileira. Acrescente três outras cantigas e escolha uma para vivenciar.

Capítulo 3

Dimensões educativas da dança

Katiuscia Mello Figuerôa

No presente capítulo, traremos entendimentos e conceitos referentes às dimensões educativas da dança. Nesse contexto, faz-se necessário compreender que o corpo não se reduz a um conjunto de estruturas orgânicas desarticuladas, isento das dimensões psíquica, espiritual e social, o que nos leva aos conceitos de corporeidade e motricidade, que serão aqui explicados. Tais conceitos são indispensáveis, ainda, para que possamos compreender e analisar como os movimentos se realizam e como comunicam e estabelecem relações com o indivíduo e com o mundo ao seu redor. Trataremos, ainda, da estética, do ritmo, da música e suas principais características, já que são elementos fundamentais quando se trabalha com a dança.

3.1 Corpo e movimento

Os assuntos relacionados ao corpo vêm sendo estudados e interpretados desde os séculos XIX e XX de formas variadas pelas diversas áreas de conhecimento e conectados a diferentes correntes filosóficas, superando as concepções anteriores de corpo-máquina, dual ou dicotômico (Monteiro, 2009). Figuerôa, Gomes e Moraes e Silva (2021) destacam Friedrich Wilhelm Nietzsche (1844-1900), Maurice Merleau-Ponty (1908-1961) e Michel Foucault (1926-1984) entre os principais pensadores que sugeriram uma concepção de corpo indivisível e que proporcionaram as primeiras interpretações de corporeidade.

Segundo Nóbrega (2006), Lazzarotti Filho et al. (2010), Nóbrega, Silva e Lima Neto (2015), Silva (2014), Zoboli et al. (2016), Galak et al. (2018) e Gomes et al. (2019), há uma grande diversidade de definições para o conceito de corpo, pois os diferentes modelos teóricos o tratam de forma distinta e plural.

Na área da educação física – uma das que mais estuda o corpo humano –, por exemplo, as produções sobre o tema foram ampliadas a partir da década de 1980, quando houve um maior aporte teórico das ciências sociais e humanas (Figuerôa; Gomes; Moraes e Silva, 2021). Alguns autores de destaque que colaboraram para a ampliação da categoria corpo para além de uma visão puramente biológica foram Santin (2003), Silva (2001), Nóbrega (1999) e Moreira (1991).

3.1.1 Corporeidade

Nóbrega (1999, 2005, 2006, 2010) invoca o filósofo francês Merleau-Ponty, que criticou a forma como o empirismo e o intelectualismo compreendiam o corpo em suas construções filosóficas e científicas, para tratar do conceito de corporeidade, que considera o corpo para além da dicotomia corpo/mente, sujeito/ objeto e natureza/cultura. A autora defende a corporeidade como um conceito transdisciplinar, que considera saberes pertencentes tanto às ciências humanas quanto às naturais, assim como à arte ou à educação.

Nesse mesmo sentido, Le Breton (2011) aponta que o discurso corpo-máquina, que distinguia os processos mentais dos corporais, instituído no século XVII e influenciado, principalmente, por Descartes (1596-1650), proporcionou o estabelecimento de um grande campo de investigação e intervenção. Vigarello (2018) corrobora a ideia, destacando a constituição de práticas como a ginástica, a educação física, o esporte e a ortopedia.

Tais críticas ao dualismo deram origem ao conceito de corporeidade, que, segundo Merleau-Ponty, contribuiria para devolver os corpos – lócus de liberdade individual e sempre em construção – ao mundo. Para Nóbrega (1999, 2005, 2010), o corpo somente pode ser compreendido por meio da corporeidade, ou seja, das diversas experiências que o constitui no plano cultural. A partir do conceito de corporeidade, o corpo é compreendido em sua completude, reunindo diferentes dimensões (física, cognitiva, emocional, social, cultural, espiritual etc.). Em complemento, Fiorentin (2006) aponta que, por intermédio da corporeidade, o corpo é entendido de forma mais abrangente, conectando o homem ao meio, aos demais e a ele mesmo.

Para entender a corporeidade, devemos considerar, ainda, as teorias da fenomenologia e da complexidade. Segundo Capalbo (1996), a fenomenologia proporciona o saber-compreensão, valorizando o ser em sua singularidade, e consiste em um método que explica as estruturas em que a experiência é verificada, descrevendo-as em suas estruturas universais. As descrições são importantes porque fornecem indicadores sobre a experiência perceptiva – tudo que foi visto, sentido e vivido pelo sujeito.

No que se refere à complexidade, João e Brito (2004) alegam que o homem é um ser complexo, pois é constituído pelas dimensões física, emocional-afetiva, mental-espiritual e sócio-histórico--cultural, que compõem a corporeidade.

Pérez (2004) acrescenta que, a partir dos anos 1970, por influência dos estudos da neuropsicologia e da psicomotricidade, a ideia de que a realidade mental humana não existe sem o corpo se fortaleceu. Nesse contexto, as artes começaram a compreender a ação e a expressão corporal como linguagem, integrando as áreas afetiva e cognitiva, que desenvolvem no ser humano sua personalidade e sua maneira de se relacionar com os demais e com o meio. Relacionando o corpo ao conceito de corporeidade, a autora questiona: O ser humano tem um corpo ou é um corpo? Ela segue explicando que a corporeidade está situada em uma concepção de ser humano como uma unidade complexa, que contém em si diferentes dimensões que afetam umas às outras, por meio das quais se manifesta e se desenvolve e que, portanto, não é uma manifestação isolada. Para Pérez (2004), então, o ser humano possui um corpo, mas não é um corpo-objeto, e sim um corpo que vive, que se expressa. Além disso, afirma que a função desse corpo não é apenas fazer: sua existência é a corporeidade, que implica na completude do ser que pensa, vive, atua, se emociona e se relaciona com o mundo, e, a partir de tudo isso, constrói seu lugar nesse mundo (Pérez, 2004).

Todas essas mudanças fizeram com que as diferentes áreas fossem influenciadas pelas variadas tendências e metodologias que surgiram e que determinaram novas maneiras de conceber o corpo e o movimento e de intervir pedagogicamente, aproximando-se da visão de um corpo-sujeito e superando o dualismo corpo-mente (Pérez, 2004).

3.1.2 Movimento e motricidade

Sobre as discussões referentes ao movimento, citamos Kunz (1998), que aponta que este pode ser compreendido pelas suas funções, como a da aprendizagem motora ou da biomecânica, nas quais se têm em consideração ações requeridas para que atividades como a dança, assim como o esporte ou o jogo, aconteçam, o que se configura uma concepção de movimento natural ou científica, ou seja, por meio da qual o que importa é a elaboração técnica e suas possibilidades de reprodução em lugar do *se movimentar* humano. Em contrapartida, o autor aponta que o movimento também pode ser entendido como uma ação dialógica, do "homem que se movimenta" para "compreender-o-mundo-pelo-agir", e não apenas como "movimento do homem" (Kunz, 1998). Tais ideias concordam com os estudos de Manuel Sérgio (1986), que tratou da motricidade humana em sua tese doutoral, sendo o pioneiro a trazer o conceito de corporeidade para a discussão sobre o movimento.

Sobre a diferença entre os conceitos de movimento e motricidade, Pérez (2004) explica que estes foram diferenciados por autores contemporâneos como: a) movimento, processo objetivo decorrente de um entendimento mecanicista e tecnicista que consiste na variação da posição do corpo no espaço e no tempo; b) motricidade, que transcende o conceito de movimento com base na perspectiva da corporeidade, ou seja, centra-se em um ser humano multidimensional que se movimenta intencionalmente.

Pérez (2004), fundamentando-se em múltiplos estudiosos do tema, define a motricidade humana como um fenômeno intrínseco aos processos humanos de expressão, um ato intencional que vai além de processos biológicos e neurofuncionais, traduzindo a complexidade humana que envolve aspectos culturais, sociais, simbólicos, afetivos, intelectuais e motores. A autora aproxima os conceitos de motricidade e corporeidade, já que, quando nos movimentamos, é o nosso corpo que se movimenta e, então, nossa corporeidade que se manifesta. Assim, a motricidade pode ser compreendida como a capacidade que o ser humano tem de se mover no mundo, enquanto a corporeidade se refere à forma como o ser humano está no mundo.

Dessa forma, é necessário que se pense em práticas pedagógicas que favoreçam o desenvolvimento humano integral e respeitem sua complexidade, com uma atuação que coloque em prática os conceitos de corporeidade e motricidade humana, extrapolando suas formas técnicas ou mecânicas.

3.1.3 Movimento: elementos básicos

Por que e como nos movimentamos? O movimento é inerente ao ser humano. Atendemos às nossas necessidades e nos expressamos por meio dele. Mediante os elementos básicos do movimento, há diferentes maneiras de empregar e criar movimentos. Com base nesses elementos, podemos compreender as inúmeras e variadas manifestações de movimento – gestos, posturas, passos etc. –, assim como suas possibilidades e intenções. O porquê e como nos movimentamos podem representar diversas coisas, como humores, personalidades ou atitudes. Nesse sentido, os estudos de Rudolf von Laban sobre o movimento aplicados à dança são um legado que pode ser utilizado como fundamentação para o trabalho com as mais diversas atividades que envolvam o ritmo e a expressão corporal. Destacamos que suas propostas educacionais foram fundamentais para "moldar" o ensino da dança nas escolas formais do Brasil e do mundo.

Rudolf von Laban (1879-1958)

De origem austro-húngara, Laban foi dançarino, coreógrafo, músico, arquiteto e pintor. É considerado um dos maiores teóricos da dança do século XX.

Laban estudou os movimentos dos trabalhadores da indústria e tentou desenvolver métodos que ajudassem os operários a se concentrarem nos movimentos necessários para realizarem seu trabalho. Ele foi um dos pioneiros na elaboração de um modelo de análise do movimento e teve como base a ideia de que o movimento humano sempre se constitui dos mesmos elementos, seja no trabalho, seja nas demandas do dia a dia ou na arte. Em seu método, o movimento é compreendido e descrito por meio de quatro fatores: **fluência, espaço, peso** e **tempo**. Além disso, Laban também destacou que todos os movimentos humanos estão ligados a um **esforço**, que é o ponto de origem do movimento, ou seja, consiste na força interior que controla a intenção do acontecimento físico.

3.2 Fluência, espaço, peso, tempo e esforço

Vejamos com maior detalhe, então, os fatores delimitados por Laban para a compreensão e a descrição do movimento.

3.2.1 Fluência

O fator fluência trata da tensão muscular empregada para que o movimento possa fluir ou para que se detenha. Essa tensão, que é controlada por centros nervosos que reagem a estímulos internos e externos, pode influenciar de forma direta a intenção de comunicação de um gesto ou movimento (Laban, 1978). A fluência pode ser (Laban, 1978; Fernandes, 2006):

- **Livre, desembaraçada, contínua ou fluida**: Consiste em uma sequência de movimentos sem interrupções, em que o indivíduo se movimenta livremente e sem pausa. Ex.: andar de bicicleta.

- **Conduzida, embaraçada ou controlada**: Movimento realizado com cuidado, em que a intensidade é controlada por meio da tensão muscular. Ex.: cortar o papel com uma tesoura.

- **Interrompida ou fragmentada**: Caracterizada por uma movimentação quebrada, originada da aplicação do máximo de tensão para que o movimento seja interrompido de forma imediata. Ex.: *break dance* ou imitação de robô.

3.2.2 Espaço

Segundo Laban (1978), o fator denominado *espaço* se refere ao lugar do movimento, que é representado pelo espaço corporal e pelas relações estabelecidas entre o corpo e o espaço ou entre o corpo e outro corpo ou objeto. Outro elemento relevante quando se trata de espaço é o foco do movimento, que pode ser direto, no qual nada tira a atenção; ou indireto, em que se altera o trajeto até chegar ao objetivo ou ponto escolhido para finalizar o movimento.

Para observação e análise das ações corporais, são necessários, ainda, aspectos elementares que compõem o foco: direções (sentido do movimento); planos (níveis relacionados à altura); extensões e caminhos dos gestos. Podemos ver o resumo no Quadro 3.1.

Quadro 3.1 Aspectos elementares que compõem o foco

Direções:		frente	
	esquerda frente		direita frente
	esquerda		direita
	esquerda trás		direita trás
		trás	

(continua)

(Quadro 3.1 – conclusão)

Planos:		alto		
		médio		
		baixo		
Extensões:	perto	– normal	–	longe
	pequena	normal		grande
Caminho:	direto	– angular	–	curvo

Fonte: Laban, 1978, p. 73.

Vejamos alguns exemplos nas figuras a seguir.

Figura 3.1 Direções do movimento

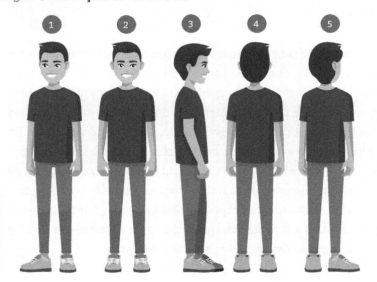

Bukavik/Shutterstock

No exemplo da Figura 3.1, temos a pessoa em diferentes direções. Observando de frente: 1. esquerda frente; 2. frente; 3. direita; 4. trás; e 5. direita trás.

Figura 3.2 **Planos**

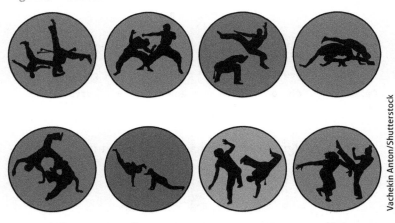

Representada na Figura 3.2, a capoeira pode ser realizada nos diferentes planos/níveis, que se referem à altura do movimento em relação ao chão: baixo, médio ou alto. O plano/nível também pode fazer referência aos membros do corpo. No exemplo ainda podemos ver braços em nível médio, à altura do ombro, e alto, acima da altura do ombro (terceiro círculo da linha de cima, personagem à direita); e braços em nível baixo, abaixo da altura do ombro (terceiro círculo da linha de baixo, ambas as personagens).

Vale ressaltar que a capoeira explora o espaço de forma geral, pois utiliza, além de todos os planos, diversas direções, extensões e caminhos na realização de seus movimentos.

Figura 3.3 **Extensões**

Na Figura 3.3, temos exemplos de movimentos realizados "longe" (movimento de grande extensão ou amplos) e "perto" (movimento de pequena extensão ou contidos) do corpo (do seu centro): 1. um dos braços está perto e o outro longe; 2. braços longe; 3. pernas e braços perto; 4. braços perto; e 5. braços e pernas longe.

3.2.3 Peso

Ao explicar o fator peso, Fernandes (2006) aponta que se trata das variações de força empregadas pelo corpo ao se movimentar, mobilizando seu peso (energia muscular) para mover uma parte do corpo, carregar, puxar ou empurrar objetos, tocar outro corpo etc. Ou seja, a resistência pode se originar do interior do próprio corpo ou do exterior, a partir de objetos ou pessoas. A tensão muscular envolvida no movimento pode ser normal, forte ou fraca. Em suma, o peso pode ser leve ou pesado.

O peso leve transmite a sensação de leveza, suavidade ou de ausência de peso, como na Figura 3.4.

Figura 3.4 Peso leve e fraco

A B

Cincinart e Andrii Orlov/Shutterstock

Por outro lado, o peso pesado é aquele que necessita de uma carga mais elevada de força para que seja executado, assim como demonstrado na Figura 3.5.

Figura 3.5 **Peso pesado e forte**

A B

khlungcenter e Sergey Nivens/Shutterstock

Para saber mais

Assista aos vídeos a seguir para entender mais sobre o fator peso:

Coreografia de balé com movimentos que transmitem sensação de leveza.

LEONTOPODIUM, A. **Танец маленьких лебедей (Dance of the Little Swans from Swan Lake)**. 29 abr. 2012. 2 min. Disponível em: <https://www.youtube.com/watch?v=rDdcw_p3eJg>. Acesso em: 26 dez. 2022.

Coreografia que traz exemplos de movimentos que transmitem a sensação de corpos pesados e uso energia muscular forte.

COSTA, K. **"Coreografia Zumbis" Cia. Municipal de Dança de Horizontina RS**. 19 mar. 2013. 2 min. Disponível em: <https://www.youtube.com/watch?v=C4WQkQizuBM>. Acesso em: 26 dez. 2022.

3.2.4 Tempo

O fator tempo – qualidade subjetiva, já que necessita de parâmetro de comparação para que seja definida – consiste na velocidade de execução dos movimentos, que pode ser rápida, moderada ou lenta.

‖ Para saber mais

Assista ao vídeo a seguir para observar o fator tempo na dança. Na coreografia, as bailarinas transitam pelos três tempos (lento, moderado e rápido).

ANTI-ASSESSOR Ballet & Dance (33). **Василий Гойденко**, 7 out. 2012. 3 min. Disponível em: <https://www.youtube.com/watch?v=C_HIJ7h9ft4.> Acesso em: 26 dez. 2022.

3.2.5 Esforço

Conforme Laban (1978), todos os movimentos humanos estão relacionados a um esforço, que se manifesta nas ações corporais com base nos fatores espaço, peso, tempo e fluência. Explicando com maior detalhe, o estímulo para a ação se caracteriza pela realização de uma função concreta no espaço e no tempo, por meio do emprego da energia muscular (peso). O esforço e a ação que dele resultam podem ser conscientes e voluntários ou não, mas sempre estarão presentes em todos os movimentos corporais e definirão as atitudes (intenções) de tais movimentos, que poderão ser: a) relaxada ou enérgica quanto ao peso; b) direta ou flexível no que se refere ao espaço; c) curta ou prolongada quanto ao tempo; d) livre ou controlada em relação à fluência. Em todas as ações há combinações desses oito elementos da atitude.

Figura 3.6 Resumo das correlações entre as ações corporais e o esforço

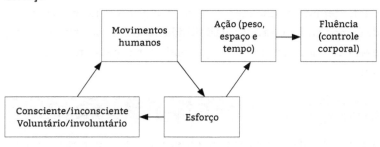

3.2.6 Formas desenhadas pelo movimento

Em seus estudos, Laban (1990) apontou que a forma de um movimento se caracteriza pela trajetória entre três ou mais pontos no espaço. Tais formas são criadas mediante tendências direcionais que seguem o corpo ou parte dele e nunca são a circunferência de uma figura plana, já que o corpo é tridimensional e tem várias articulações. Assim, a forma gerada por um gesto dependerá do ritmo e do esforço empregados para sua produção e da maneira como as diversas articulações do corpo participam dele. Por exemplo, se uma pessoa em pé levantar a perna (ou o braço) estendida para frente ou para o lado, a forma desenhada será um leque, como mostrado na Figura 3.7. Laban (1990) concluiu que, na maior parte do tempo, só nos damos conta do desenho que traçamos com nosso corpo no chão ou na cinesfera (ou kinesfera).

Cinesfera

Conceito desenvolvido por Laban (1990), consiste em uma esfera que limita o espaço natural do ser humano, em que os limites podem ser alcançados com as extremidades dos membros sem que haja um deslocamento.

Figura 3.7 Formas desenhadas pelo movimento

Para saber mais

Assista ao vídeo a seguir para observar mais um exemplo de formas desenhadas pelo movimento.

DESENHO em Movimento – Dança (Thought of You). **Moderação Clown**, 15 fev. 2013. 3 min. Disponível em: <https://www.youtube.com/watch?v=waAvDkzq2PU>. Acesso em: 26 dez. 2022.

3.3 Ritmo

Um dos temas fundamentais para se tratar da dança é o ritmo, que tem uma relação direta com o movimento e com a música. Não é possível afirmar com exatidão quando surgiu o ritmo, mas é sabido que o surgimento da música se confunde com a fabricação de armas na pré-história, pois as batidas nas madeiras e pedras no chão produziam som e, em consequência, ritmo e música.

Garcia e Haas (2006) destacam que a palavra *ritmo* deriva do termo grego *rythmós*, que está presente em tudo aquilo que se move e flui no universo, como o movimento regular das ondas do mar, as batidas do coração, o crescimento de uma planta ou a respiração. Além disso, Hanebuth (1968) aponta que o ritmo pode ser igualado a qualquer outra qualidade física.

Figura 3.8 Presença do ritmo

O ritmo faz parte das nossas vidas. Ele está presente em nosso cotidiano e, conforme explica Nanni (1998), surge no ser humano desde sua concepção e o acompanha até a morte, ou seja, é inerente ao ser humano. Há muitos estudiosos que tratam de elucidar esse conceito – e veremos alguns deles –, mas o que fica claro e é fator comum nesses estudos é que o ritmo está intimamente ligado ao movimento humano.

Os diversos autores que trataram do tema definem o ritmo como movimento regulado/ordenado; essência do movimento livre; duração do som; silêncio das pausas, estando entre o ruído e o silêncio; som e tempo (Pallarés, 1981; Artaxo; Monteiro, 2013; Garcia; Haas, 2006).

3.3.1 Ritmo e movimento

Quando se fala em *ritmo*, faz-se uma relação praticamente direta com a música. Essa relação existe, mas não é só isso. Nosso corpo, por meio dos movimentos, está a todo momento criando ritmos. Tudo o que fazemos tem uma cadência.

Em consonância com essa ideia, citamos Lópes (1977, citado por Souza Jr., 2002), que resgatou o significado de ritmo a partir dos filósofos gregos Heráclito e Platão. Para o primeiro, o ritmo é "tudo que está em constante movimento, em trocas ininterruptas", enquanto para o segundo esse termo é tido como um "princípio ordenador do movimento inerente ao ser humano, presente em todas as manifestações do universo, inclusive as humanas, e um elemento apriorístico, ou seja, que existe por si só" (Lópes, 1977, citado por Souza Jr., 2002, p. 49). Sobre isso, já exemplificamos anteriormente por meio da frequência cardíaca e da respiração.

Ainda com referência à relação entre ritmo e corpo, Schafer (1991) faz alguns apontamentos, como: o ser humano produz ritmo o tempo todo; o corpo fornece elementos para que possamos compreender e criar outros ritmos do nosso ambiente com base nele mesmo; corpo e ritmo têm grande intimidade entre si e resultam em ações humanas; o ritmo pode ser interno ou alterado por estímulos externos, que podem causar modificações fisiológicas e dos movimentos; para que se execute o ritmo com precisão corporal, é necessário, para além de entender o ritmo e ter músculos capazes de interpretá-lo, ter comunicação rápida entre cérebro e corpo; após compreendermos ritmos mais próximos, é possível ter um conhecimento mais ampliado do ritmo.

No século XX, alguns educadores musicais que se tornaram conhecidos, como Émile Jaques-Dalcroze (1865-1950), que pensava que o ritmo era a ordem do movimento e, fundamentando-se em personalidades da música, da ciência, da pedagogia e, especialmente, da dança, fez uso do ritmo para unir a música e o movimento por meio de uma metodologia própria, chamada *ginástica rítmica* (diferente da modalidade olímpica), ou apenas *rítmica*, que consiste em um conjunto de princípios norteadores da prática pedagógica pelo solfejo corporal musical, apoiado em exercícios para aprender a ler notas musicais, geralmente marcando o compasso com as mãos (aprender o ritmo pelos movimentos), em que se podia exteriorizar as emoções e os gestos espontâneos por meio de vários ritmos.

Seu objetivo foi o de desenvolver e harmonizar as funções motoras e regrar os movimentos corporais no tempo e no espaço, aprimorando o ritmo (Langlade; Langlade, 1970). Esse método foi disseminado por todo o mundo, principalmente no Brasil, onde influenciou a criação das cadeiras de rítmica nas escolas superiores de Educação Física. Os exercícios propostos eram: movimentos básicos, exploração do espaço, do movimento e do tempo nesse espaço, visando sempre a expressão daquilo que se escutava por meio do movimento corporal. Referindo-se à importância de se trabalhar o ritmo, Garcia e Haas (2006) destacam: promover a melhoria e o aperfeiçoamento das qualidades físicas, da natureza socioemocional/afetiva e cognitiva.

3.3.2 Ritmo e música

Musiké téchne (arte das musas), do grego, significa arte de combinar os sons simultânea e sucessivamente com ordem, equilíbrio e proporção dentro do tempo (Med, 1996). A música se desenvolveu ao longo da história, está presente em todas as culturas e cada uma delas tem seus próprios estilos, concepções e abordagens sobre seu significado e papel na sociedade. Ela incentiva o movimento, relaciona-se com o estado de corpo e espírito, além de ser o principal suporte para as aulas de dança.

Já o som é tudo aquilo que impressiona o órgão auditivo, resultado do choque de dois corpos que produzem a vibração no ar (Artaxo; Monteiro, 2013), que provoca uma onda longitudinal e se propaga em todas as direções em meios com massa e elasticidade, podendo ser sólidos, líquidos ou gasosos. Como exemplo prático, podemos fixar a ponta de uma lâmina numa mesa e fazê-la vibrar. Quando a lâmina se desloca em um sentido, ela comprime as moléculas do ar, empurrando-as para mais junto de outras moléculas e produzindo uma compressão. Ao se deslocar no sentido contrário, as moléculas se distanciam umas das outras, produzindo uma rarefação. As moléculas vibram individualmente para cima e para baixo, na direção do movimento ondulatório. Elas produzem uma onda de compressão, ou melhor, a onda longitudinal que podemos ouvir. As ondas sonoras podem ser regulares ou irregulares e suas principais características são altura, duração, intensidade e timbre.

Figura 3.9 Produção de ondas sonoras

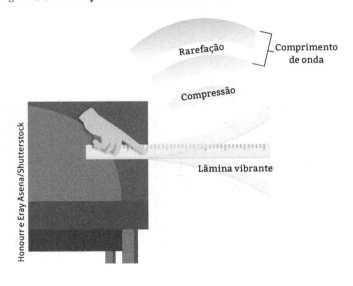

Figura 3.10 Como ouvimos os sons

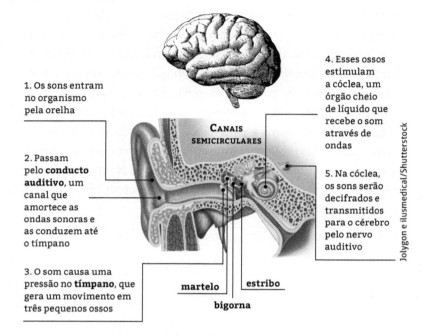

1. Os sons entram no organismo pela orelha

2. Passam pelo **conducto auditivo**, um canal que amortece as ondas sonoras e as conduzem até o tímpano

3. O som causa uma pressão no **tímpano**, que gera um movimento em três pequenos ossos

4. Esses ossos estimulam a cóclea, um órgão cheio de líquido que recebe o som através de ondas

5. Na cóclea, os sons serão decifrados e transmitidos para o cérebro pelo nervo auditivo

As ondas sonoras podem ser regulares, isto é, têm uma frequência regular (piano, violão, flauta etc.), ou irregulares, que têm frequência irregular (ruídos, pandeiro etc.). Os espectros sonoros audíveis são aqueles entre, aproximadamente, 20 e 20.000 hertz.

Figura 3.11 Ondas sonoras regulares e irregulares

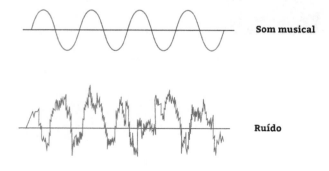

Tratando das características do som, temos (Ribeiro, 2019; Siqueira, 2020):

- **Altura**: A mais importante; é determinada pela frequência dos sons (vibrações que cada onda emite em um intervalo dado); o som pode ser agudo ou grave.

Figura 3.12 Alturas do som

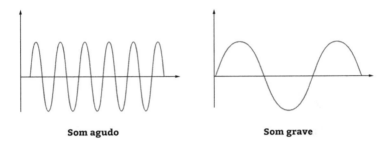

- **Duração**: Refere-se ao tempo de produção do som, que pode ser longo ou breve.
- **Intensidade**: Depende da energia emitida pela fonte sonora; propriedade do som de ser mais fraco ou forte, ou o que comumente chamamos de *volume*; é medida em *decibel*.

Figura 3.13 Intensidade do som

- **Timbre**: Qualidade do som que permite reconhecer sua origem, distinguir um som de outro; chamado de *impressão digital sonora* ou a "cor do som".

Figura 3.14 Timbre do som

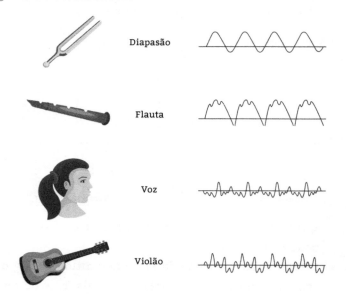

Os sons e os silêncios combinados em sequência e de forma organizada formam a música. Para apreciar uma música ou prestar atenção aos detalhes ao elaborar uma coreografia, é necessário entender alguns conceitos que a envolvem, como suas partes (Siqueira, 2020):

- **Melodia**: Conjunto de sons dispostos em ordem sucessiva de alturas e durações diferentes, que obedece a um sentido lógico musical (ritmo).
- **Harmonia**: Conjunto de sons dispostos em ordem simultânea; arte e ciência dos acordes (várias notas soando ao mesmo tempo) e suas combinações/relações.

- **Ritmo**: Ordem e proporção em que estão dispostos os sons que constituem a melodia e a harmonia; definido pela relação entre durações de sons; tempo organizado. O pulso é o elemento primário do ritmo e a marcação mais importante de toda a estrutura – é o que nos faz bater os pés ou mãos quando escutamos uma música. A relação de pulsos por minuto chamamos de *batimentos por minuto*, ou *bpm*. As vibrações rítmicas expressam música, sons, palavras, palmas etc. A divisão quantitativa do ritmo é a métrica.

Outros elementos importantes são as figuras do ritmo. As figuras de duração são as notas musicais. Cada nota escrita na pauta informa sua altura e duração. O valor se refere à duração relativa do som e do silêncio: **positivo ou figuras** representam sons; **negativo ou pausas** representam silêncios. Há sete valores que representam figuras e pausas no sistema musical – para cada figura há uma pausa (Garcia; Haas, 2006).

Figura 3.15 Valores, figuras e pausas

Compasso e frase musical

Na educação física, no âmbito do *fitness*, da dança ou das modalidades esportivas acompanhadas por música, sempre se ouviu falar em contagem de oito tempos. O popular oito consiste, na verdade, em dois **compassos** de quatro pulsos (marcações) cada (compasso quaternário) que, somados, constituem oito batimentos (Garcia; Haas, 2006).

O compasso é a divisão de um trecho musical em séries regulares de **tempos**, um grupo de **pulsação** ou o agente métrico do ritmo (Med, 1996). Ele facilita a leitura e a execução da partitura. Compassos são separados por uma linha vertical, que é a barra de divisão ou travessão, conforme mostrado na Figura 3.16.

Figura 3.16 Compasso

Figura 3.17 Tipos de compassos

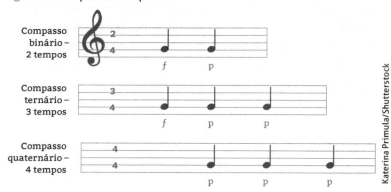

Binário: divide-se em 1º tempo forte e 2º fraco; 2 pulsações por compasso (Ex.: samba, marcha e a maior parte das cantigas de roda).

Ternário: divide-se em 1º tempo forte, 2º e 3º fracos; 3 pulsações por compasso (Ex.: valsa).

Quaternário: divide-se em 1º tempo forte, 2º fraco, 3º meio forte, 4º fraco; 4 pulsações por compasso (Ex.: rock, bolero e salsa). (Garcia; Haas, 2006)

A **frase musical** é a estrutura musical básica de uma ideia musical completa que pode exigir outra frase que a complemente (suspensiva) ou pode estar plenamente estabelecida (conclusiva). Pode-se dizer também que a frase musical é um trecho da música com relativa autonomia e com ideias musicais suficientes para garantir independência; é um agrupamento de estruturas rítmicas que se repetem com um sentido lógico; uma unidade musical com sentido de conclusão. O tipo mais comum de estrutura fraseológica é o de grupos de quatro em quatro compassos (quadratura) (Garcia; Haas, 2006; Ribeiro, 2019).

Figura 3.18 Frase e bloco musical

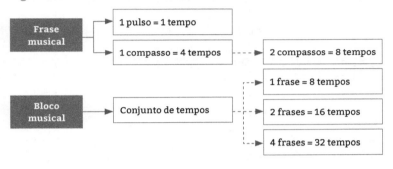

Fonte: Ribeiro, 2019, p. 128.

Quadro 3.2 Detalhando a frase musical

1º compasso	2º compasso	3º compasso	4º compasso
| | | |	| | | |	| | | |	| | | |
Semifrase musical nº 1		Semifrase musical nº 2	
Frase musical			

Bloco ou período musical – na educação física ou na dança (academias que contam com atividades rítmicas/dança) chamamos de **bloco** e, na música, de **período musical**. Esse elemento apresenta uma ideia completa em uma música, por meio de frases e compassos, esgotando o assunto sobre o qual se está tratando. Um novo bloco/período deve trazer uma nova ideia ou a mesma ideia com base em um diferente ponto de vista. Reconhecer e compreender a estrutura fraseológica e os blocos de uma música é de vital importância para sua associação ao movimento (Garcia; Haas, 2006; Ribeiro, 2019).

Quadro 3.3 Detalhando o bloco / período musical

1º compasso	2º compasso	3º compasso	4º compasso
| |	| |	| |	| |
Quando olhei a terra ardendo			
Frase musical nº 1			

5º compasso	6º compasso	7º compasso	8º compasso
| |	| |	| |	| |
Qual fogueira de São João			
Frase musical nº 2			

9º compasso	10º compasso	11º compasso	12º compasso
| |	| |	| |	| |
Eu perguntei, a Deus do céu			
Frase musical nº 3			

13º compasso	14º compasso	15º compasso	16º compasso
| |	| |	| |	| |
Por que tamanha judiação			
Frase musical nº 4			

‖‖ Dicas:

- Para identificar uma frase musical, é necessário que se ouça a música com atenção. Pode-se acompanhar cantando e batendo palmas ou fazendo riscos com um lápis em um papel a cada pulsação.
- Para as atividades e esportes com música, sugere-se reconhecer, no mínimo, o início das frases musicais para poder associá-las aos movimentos;
- É imprescindível, para elaborar uma coreografia, conhecer seus compassos, frases, blocos e ritmo.

3.4 Linguagem e expressão corporal

Provavelmente você já ouviu dizer que "o corpo fala". Mas será que isso é possível? Todos já vivenciamos alguma situação em que captamos mensagens apenas pelas expressões corporais ou faciais de algum amigo ou familiar. Por vezes também é possível perceber se alguém está triste ou feliz apenas por sua fisionomia ou postura. Muito de nossa comunicação diária é feita de forma não verbal, o que inclui gestos, movimentos corporais, postura, microexpressões e modulação da voz. Veremos, neste item, a linguagem e a expressão corporal, que podem ser tratadas como sinônimos.

O corpo e os movimentos são as bases para nossa linguagem corporal, que expressa nossas sensações, emoções e pensamentos. É a forma como entendemos e estamos no mundo.

A compreensão e os estudos do corpo por meio da sua expressão se iniciaram devido à mecanização, à padronização e à contenção dos movimentos impostas pela sociedade. Os primeiros a contemplarem esse contexto foram Jean-Georges Noverre (1727-1810) e François Delsarte (1811-1871). Noverre observou o corpo como expressão poética e registrou, em cartas, preocupações com os descaminhos do balé. Para ele, o rápido avanço técnico no balé apagava o verdadeiro sentido da arte. Por outro lado, Delsarte observou, refletiu e escreveu sobre o corpo ordinário. Ele analisou os corpos moribundos nos leitos dos hospitais, os corpos-máquina das fábricas, os gestos presentes nos salões de festas burgueses e nas festas populares, os corpos caminhando ordenadamente pelas ruas de Paris, ou seja, observou os corpos "fabricados" por uma sociedade recém-inaugurada, imersos na economia e na inexpressividade de um corpo morto. Podemos destacar, ainda, a rítmica de Dalcroze, que tinha como base a expressividade corporal e representava uma resistência à maquinização dos corpos, numa experiência poética de educação da sociedade (Soares; Madureira, 2005).

Stokoe e Harf (1987) propõem que expressão corporal consiste em uma conduta espontânea, uma linguagem por meio da qual o ser humano expressa sensações, emoções, sentimentos e pensamentos por meio do seu corpo, incorporando-se, dessa forma, às outras formas de linguagens expressivas, como podem ser a fala, o desenho e a escrita.

Para Brikman (2014), a linguagem expressiva não verbal extrapola o campo da dança, pois o movimento é uma ferramenta de expressão de emoções, afetos, ideias e intenções. Além disso, a autora aponta que a expressão corporal facilita a ampliação do vocabulário de movimentos para as diversas situações por nós vivenciadas, sendo também aplicável à dança, permitindo: manifestar sentimentos, imagens e sensações; relacionar-se de forma criativa e solidária com os membros de seu grupo; desfrutar e conduzir seu corpo como totalidade integrada, com vitalidade; manifestar-se com o vocabulário corporal para se comunicar consigo e com os demais da melhor maneira possível.

Figura 3.19 Expressões corporais

Trazemos, ainda, as contribuições de Salzer (1982), que explica que a história pessoal, os hábitos adquiridos e as regras sociais influenciam as manifestações do corpo. O autor classifica a expressão corporal como espetacular, relacionada ao espetáculo, que é colocada em cena (balé, teatro etc.); cotidiana, por meio da qual nos expressamos diariamente; e não habitual, que não é espetacular, mas está à mostra, como em aulas de dança ou ginástica, festas, ensaios em que o corpo será evidenciado.

Figura 3.20 Expressão corporal espetacular (A), cotidiana (B) e não habitual (C)

A

B   C

Salzer (1982) determina alguns objetivos para que se trabalhe a expressão corporal. Entre eles, destacamos:

- libertar-se das tensões;
- aceitar o corpo/a imagem;

- abrir-se para as sensações;
- encontrar sua coordenação e harmonia;
- adquirir bem-estar;
- criar com o corpo;
- perceber o corpo dos outros, no sentido de decodificar sinais;
- descobrir como nosso corpo é percebido pelos outros e entender se conseguimos transmitir ideias;
- aprender a significar com o corpo, a emitir mensagens compreensíveis;
- encontrar os outros, comunicar-se melhor e aprender a desenvolver relacionamentos;
- obter motivos artísticos, como comunicar, perder a timidez, descobrir novas facetas.

Segundo Ribeiro (2019), a intenção na dança é traduzida pelo exercício da expressão corporal e pela exploração da linguagem corporal na produção de movimentos, frases e sequências coreográficas que transmitem sentimentos, valores, ideais ou informações.

Assim, a dança é uma manifestação privilegiada para se trabalhar a linguagem e a expressão corporal. Sua inserção no campo educacional só ocorreu no mundo ocidental no século XX, após discussões sobre *dança criativa* (na Inglaterra), *dança educativa* ou *dança-educação*. Tais termos partiram de Rudolf Laban, que se opunha à técnica rígida e mecânica do balé clássico. No Brasil e em outros países latino-americanos, essas manifestações chegaram como *expressão corporal* ou *dança expressiva*. Para Laban (1990), o objetivo da dança-educação não é chegar à perfeição ou criar/executar danças sensacionais, e sim o efeito benéfico que a atividade criativa da dança traz para o aluno.

3.5 Dança, estética e educação

Para Porpino (2018), o termo *estética* nos remete a diversas compreensões e significados, destacando que palavras como *arte, belo, sensibilidade* e *prazer* atravessam tal termo e, geralmente, são utilizadas como seu sinônimo. Conforme lembram Aranha e Martins (2005), a palavra *estética* é originária do grego *aisthetikós* e significa a faculdade de sentir, a compreensão pelos sentidos e a percepção totalizante. As autoras apontam que, filosoficamente, a estética estuda de forma racional o belo e o sentimento que este desperta nos indivíduos. Com base nas contribuições de Kant, elas destacam que, no julgamento do que é belo ou não, há subjetividade, mas o belo seria "aquilo que agrada universalmente, ainda que não se possa justificá-lo intelectualmente" (Aranha; Martins, 2005, p. 210).

Silva e Figuerôa (2021) explicam que, para Kant, o belo está no prazer causado no sujeito que admira uma determinada cena ou objeto, ou seja, o juízo estético está ligado ao sentimento do sujeito – é o gosto. Os autores ainda advertem que o filósofo alemão pontuou que, ainda que o juízo seja algo subjetivo, não se reduz à individualidade. Corroborando a ideia, Aranha e Martins (2005) argumentam que o gosto não é algo relacionado à preferência arbitrária e que é possível um aprendizado e uma educação da sensibilidade. No entanto, as filósofas destacam que, para que o gosto possa ser educado perante um objeto estético, é necessário que a subjetividade esteja interessada e aberta a conhecer mais do que a preferir:

> Nesse sentido, ter gosto é ter capacidade de julgamento sem preconceitos. É deixar que cada uma das obras vá formando o nosso gosto, modificando-o. Se nos limitarmos àquelas obras que já conhecemos e das quais sabemos que gostamos [...] jamais nosso gosto será ampliado. É a própria

obra de arte que forma o gosto: torna-os disponíveis, faz-nos deixar de lado as particularidades da subjetividade para chegarmos ao universal. (Aranha; Martins, 2005, p. 211)

Assim, entende-se que a educação do gosto e da sensibilidade só é possível para aqueles que estão abertos para o mundo que os circunda por meio de experiências estéticas, que são experiências da presença do objeto estético e do indivíduo que o percebe. É por intermédio dessa abertura para as experiências sensíveis que as novas formas de entender e sentir os objetos possibilitam uma educação estética capaz de ampliar o gosto e a competência dos indivíduos de realizar julgamentos estéticos livres de preconceitos (Silva; Figuerôa, 2021). Nesse sentido, vale ressaltar a visão de Adorno (1970, p. 363) sobre o comportamento estético: "é a capacidade de perceber nas coisas mais do que elas são".

Em seus estudos, Kunz (2004) pontua que a dança abrange três campos de conhecimento e atuação do ser humano: a) arte, por meio da formação estética que deve atender às aprendizagens de linguagens artísticas, sendo que, na escola, deve-se proporcionar uma formação básica para escolhas futuras e competências para apreciação; b) cultura, pois a dança é um dos bens culturais que mais são valorizados na sociedade; c) educação, que não pode ser separada da sociedade e deve possibilitar seu acesso a todos os bens culturais, incluída a dança. Nessa tríade encontramos a conexão entre dança, estética e educação.

Complementando a ideia, Brasileiro (2012) aponta que, quando se coloca a dança como um conhecimento a ser trabalhado, as questões estéticas são inerentes, já que seu objeto é artístico e, portanto, estético. Com maior detalhe, Fritsch (1988, citado por Saraiva, 2009) explica que, por meio da dança, incorpora-se a realidade social e a experiência vivenciada está fundamentada no prazer, o que promove uma ressignificação das experiências vividas, configurando-a como uma representação estética. Em outras palavras, nesse processo, a expressão e a apropriação do mundo acontecem de forma simultânea, mediante uma ressignificação estética.

Porpino (2018) explica que o que caracteriza a experiência estética na dança é o encontro entre os intérpretes da obra, que participam dançando ou apreciando, estabelecendo uma comunicação corporal sutil. A autora entende que, mesmo quando a dança é espetáculo, a acompanhamos com os olhos e movimentos sutis em nossos corpos levados pela emoção. Em adição, Lacerda e Gonçalves (2009) expõem que a dança é um espaço da subjetividade humana e permite que a singularidade de cada um, na forma de ver, pensar ou criar, se manifeste.

Nesse sentido, pode-se dizer que, por intermédio da dança, é possível proporcionar uma educação estética com base em uma pedagogia que encoraje a individualidade de cada um. Diversos autores (Fróis; Marques; Gonçalves, 2000; Lacerda; Gonçalves, 2009; Saraiva, 2009) concordam que a educação estética, por meio da dança como arte, contribui para o desenvolvimento da criatividade, o apuramento da sensibilidade, a ampliação das possibilidades cognitivas, afetivas e expressivas

Segundo Lacerda e Gonçalves (2009), a educação estética reflete uma preocupação com o desenvolvimento da subjetividade de crianças e jovens. Schiller (1994) foi além, dizendo que a educação estética pode contribuir para o desenvolvimento harmonioso de todas as faculdades humanas. Por meio da arte, e não é necessário ser um artista para isso, o ser humano se torna mais flexível e suas relações ganham mais significado.

Um dos problemas recorrentes com relação à dança em ambiente escolar é a forma como essa manifestação é abordada nesse espaço, sendo reduzida a uma mera prática corporal centrada em execução ou reprodução de movimentos, priorizando apenas seus aspectos psicomotores ou encarada como recreação em detrimento de todas as possibilidades que ela oferece. Citamos, ainda, o problema que se origina na indústria cultural, quando não se trabalha de forma crítica e consciente as "danças prontas" da moda, muitas vezes hipersexualizadas e produzidas para publicação "viral" em redes sociais, que acabam por rebaixar a cultura à mercadoria ou conteúdo alienante.

Saraiva (2009) destaca que uma opção metodológica para se trabalhar a dança como conteúdo curricular formal seria a vivência de situações de criação e improvisação, as quais podem atender a objetivos de aprendizagem da arte por meio de reelaboração estética de experiências vividas, utilizando-se de materiais e temáticas que estimulem a criatividade, a expressão, o trabalho coletivo, a resolução de problemas e a comunicação.

▮▮▮ *Síntese*

No presente capítulo, você pôde compreender que o corpo teve seu significado alterado ao longo do tempo, que o conceito de corporeidade surgiu no sentido de alterar a ideia de que se "tem" um corpo para um entendimento de que se "é" um corpo. Além disso, você viu que o movimento é inerente ao ser humano e que há dois entendimentos sobre esse contexto: movimento, que é o ato de variar as posições do corpo no tempo e no espaço, e motricidade, que transcende o conceito de movimento no sentido de um ser humano multidimensional que se movimenta de forma intencional.

Depois, vimos que o movimento pode ser compreendido e analisado com base em quatro fatores: fluência, que trata da tensão muscular empregada para que o movimento possa fluir ou para que se detenha; espaço, que se refere ao lugar do movimento; peso, que consiste nas variações das forças empregadas pelo corpo ao se movimentar; e tempo, que se caracteriza pela velocidade de execução dos movimentos. Além disso, destacamos, ainda com base nos estudos de Laban, que todos os movimentos humanos estão ligados a um esforço, que se manifesta nas ações corporais por meio dos quatro elementos estudados.

Na sequência, você observou que um dos temas fundamentais para se tratar da dança é o ritmo, que faz parte das nossas vidas, está presente em nosso cotidiano e tem uma relação direta com o movimento e com a música. Pudemos perceber que o nosso corpo, por meio dos movimentos, está a todo momento criando ritmos. Tudo o que fazemos tem uma cadência. Com referência à música, vimos que é a arte de combinar os sons de forma simultânea, sucessiva, ordenada, equilibrada e proporcional dentro do tempo. Nesse contexto, observamos alguns elementos importantes, como o som e suas principais características que devem ser conhecidas para se trabalhar a dança – altura, duração, intensidade e timbre –, assim como os conceitos de harmonia, melodia, figuras do ritmo, compasso, frase e bloco musical.

Em continuação, vimos como o corpo começou a ser observado e estruturado com base em suas expressões. Observamos, ainda, que o movimento – presente em nossas condutas diárias – traduz pensamentos, sentimentos ou estados de espírito, ou seja, é a base para nossa linguagem e comunicação corporal. Destacamos, nesse ponto, que a dança é uma manifestação privilegiada para se trabalhar a linguagem e a expressão corporal.

Por fim, encerramos o capítulo tratando da relação entre dança, estética e educação, do que pudemos depreender que a educação estética, inerente ao ensino da dança como arte, é preponderante para a formação plena do ser humano.

▦ *Indicações culturais*

LABAN MOVIMENTO. Direção: Leo Halsman e Maria Mommensohn. Brasil: Fundação para o Desenvolvimento da Educação, 1991. 20 min. Disponível em: <https://www.youtube.com/watch?v=_YY m7nrow4w>. Acesso em: 26 dez. 2022.

Laban Movimento é um breve documentário sobre Rudolf von Laban, um dos principais responsáveis pelo surgimento da dança moderna, e sua teoria.

Atividades de autoavaliação

1. Merleau-Ponty criticou a maneira como o empirismo e o intelectualismo entendiam o corpo em suas construções filosóficas e científicas, o que inspirou estudiosos a pensarem o corpo para além da dicotomia corpo/mente, sujeito/objeto e natureza/cultura. Assinale a alternativa que contenha uma área de conhecimento que influenciou na construção de um entendimento da corporeidade como um conceito transdisciplinar:

   a) Ciências da terra.

   b) Ciências biológicas.

   c) Ciências humanas.

   d) Ciências exatas.

   e) Ciências da saúde.

2. O método de análise do movimento desenvolvido por Laban conta com quatro fatores: fluência, espaço, peso e tempo. Assinale a alternativa que contém elementos relacionados ao fator peso:

   a) Plano baixo, médio e alto.

   b) Tensão muscular normal, forte ou fraca.

   c) Velocidade rápida, moderada ou lenta.

   d) Movimento amplo ou contido.

   e) Movimentos livres ou controlados.

3. Identifique e relacione corretamente as respectivas características das partes da música:

   1. Melodia

   2. Harmonia

   3. Ritmo

( ) Definido pela relação entre durações de sons.

( ) Conjunto de sons dispostos em ordem sucessiva (de alturas e durações diferentes), que obedece a um sentido lógico musical.

( ) Várias notas soando ao mesmo tempo em combinação/relação.

Agora, assinale a alternativa que apresenta a sequência correta:

a) 3 – 1 – 2.

b) 3 – 2 – 1.

c) 1 – 3 – 2.

d) 1 – 2 – 3.

e) 2 – 1 – 3.

4. Identifique e relacione corretamente os respectivos contextos de estudo da expressão corporal aos seus pensadores:

1. Noverre

2. Delsarte

( ) Observou os corpos econômicos e inexpressivos produzidos por uma sociedade recém-inaugurada.

( ) Registrou suas preocupações com os descaminhos do balé.

( ) Escreveu sobre o corpo comum.

( ) Para ele, o rápido avanço técnico no balé o desvirtuava do verdadeiro sentido da arte.

Agora, assinale a alternativa que apresenta a sequência correta:

a) 1 – 1 – 2 – 2.

b) 2 – 2 – 1 – 1.

c) 1 – 2 – 2 – 1.

d) 1 – 2 – 1 – 2.

e) 2 – 1 – 2 – 1.

5. A palavra *estética* é originária do grego *aisthetikós* e significa faculdade de sentir, compreensão pelos sentidos e percepção totalizante. Assinale a alternativa que aponta corretamente o que estuda a estética:

   a) As relações humanas na sociedade.
   b) A cultura de cada sociedade.
   c) Procedimentos invasivos ou não no corpo e no rosto.
   d) O belo e o sentimento que este desperta nos indivíduos.
   e) Como funcionam as estruturas políticas da sociedade.

Atividades de aprendizagem

Questões para reflexão

1. Já nascemos sabendo utilizar a comunicação por meio do corpo. No entanto, adquirimos conhecimentos durante a vida e sofremos influência cultural. Tente se lembrar de alguns movimentos expressivos que tenham significados diferentes em diferentes sociedades, culturas, bairros, estados ou países. Ex.: forma de cumprimentar – aperto de mãos, número de beijos no rosto etc.

2. Busque na internet uma apresentação de balé clássico e uma apresentação de *break dance*. Reflita sobre as sensações que cada uma delas desperta em você. Mostre as mesmas apresentações a algum conhecido, amigo ou familiar. Pergunte a ele(a) sobre as sensações despertadas por cada apresentação. Reflita sobre como experiências ou percepções estéticas podem ser diferentes para cada indivíduo.

Atividade aplicada: prática

I. Depois de ler sobre os elementos básicos da música, divida o seguinte trecho musical em semifrases e frases musicais, separando os compassos e especificando se são binários, ternários ou quaternários.

"Escravos de Jó
Jogavam caxangá
Tira, põe, deixa ficar
Guerreiros com guerreiros fazem zigue-zigue-zá
Guerreiros com guerreiros fazem zigue-zigue-zá".

1º compasso	2º compasso	3º compasso	4º compasso

Frase musical nº 1

5º compasso	6º compasso	7º compasso	8º compasso

Frase musical nº 2

9º compasso	10º compasso	11º compasso	12º compasso

Frase musical nº 3

13º compasso	14º compasso	15º compasso	16º compasso

Frase musical nº 4

Capítulo 4

Possibilidades da dança na educação

Evelyne Correia

Neste capítulo, apresentaremos uma breve conceituação e descrição dos passos e exercícios de algumas modalidades de dança: a clássica, a moderna, a contemporânea, as afro-brasileiras, as indígenas, as folclóricas, as de salão, o *jazz*, o sapateado e as urbanas.

O principal objetivo é apresentar subsídios teóricos e práticos das modalidades em questão para as atividades de vivência da cultura corporal do movimento no ambiente escolar. Lembramos, ainda, que a formação técnica voltada para bailarinos acontece em espaços específicos, como institutos e escolas de dança.

4.1 Dança clássica

O balé clássico, ou dança clássica, nasceu na Idade Média, na Itália, nos bailes da corte com origem em uma dança chamada *mouriscas*, ainda inspirada nas danças praticadas na Antiguidade. Por esse motivo, a palavra *ballet*, ou balé clássico, significa "baile". Durante o Renascimento italiano, o balé clássico era encenado servindo de apoio político da época (Caminada, 1999).

Catarina de Médicis foi a responsável em levar a dança clássica para os salões da França, nos quais os balés eram apresentados em grande estilo. Jean-George Noverre foi o artista responsável por revolucionar a dança clássica, tanto na prática quanto na teoria, pois publicou obras sobre a nomenclatura dos passos do balé clássico, criou passos e exercícios para flexibilidade articular e alongamentos (Sampaio, 2007).

Durante a evolução da dança clássica, desde o século XVII até os dias de hoje, surgiram diversos métodos de ensino, os quais estão em constante atualização, contrapondo a ideia de que a dança clássica é uma arte presa ao passado e que apenas reproduz movimentos e conceitos da época do seu surgimento. Podemos citar o ex-bailarino do Teatro Municipal do Rio de Janeiro, Flávio Sampaio, e a ex-bailarina do Teatro Guaíra de Curitiba, Regina Kotaka, ambos autores de livros voltados para o ensino e a técnica da dança clássica na atualidade.

4.1.1 Características da dança clássica

Podemos elencar algumas características marcantes do balé clássico, como a postura ereta, uma vez que os bailarinos não realizam movimentações corporais ondulatórias, contrações e rolamentos no solo, por exemplo, tornando a verticalidade corporal essencial para a realização dos movimentos, as posições circulares dos membros superiores e o uso da rotação externa do fêmur na fossa do acetábulo, denominado *en dehors*. Para as aulas e apresentações são utilizadas músicas clássicas (Souza, 2012).

A postura corporal durante a realização da dança clássica deve ser ereta. Para isso, os segmentos corporais devem estar alinhados ao eixo vertical central. Devemos lembrar que a análise da postura deve ocorrer de forma dinâmica e não estática, uma vez que o bailarino estará em movimento (Sampaio, 2013).

No balé clássico, os braços têm a função de preencher o espaço ao redor do corpo do bailarino e de complementar a execução dos movimentos durante a dança. Os braços levemente flexionados criam linhas longas e curvas com os cotovelos virados para fora na lateral, e as mãos, geralmente, são posicionadas à frente do corpo (Kassing, 2016).

Para Sampaio (2007), o *en dehors* é caracterizado pela rotação externa da articulação do quadril, a partir do fêmur, na fossa do acetábulo. Essa característica tem origem em espetáculos nas arenas e nas apresentações da corte, nas quais, devido à etiqueta da época, o bailarino deveria estar sempre de frente para o público, mesmo quando se deslocava para as laterais. O grau da rotação externa depende da estrutura óssea e das características ligamentares de cada indivíduo, e pode ser ampliada com treinamento.

Figura 4.1 Postura ereta, membros inferiores em *en dehors*

Evelyne Correia

4.1.2 Posições básicas dos braços

O balé clássico possui cinco posições básicas dos braços, além da posição preparatória. Os braços são arredondados, com os cotovelos levemente flexionados, os dedos unidos, com o polegar escondido e a palma da mão virada para dentro (Sampaio, 2013).

Na Figura 4.2, apresentamos a posição preparatória, em que os braços ficam posicionados à frente do corpo em formato oval.

Figura 4.2 Posição preparatória

Evelyne Correia

Na primeira posição, os braços são posicionados na altura do diafragma, de forma arredondada. Na segunda, os braços se afastam e são mantidos um pouco abaixo da linha do ombro na porção anterior do corpo. A terceira posição é caracterizada por um dos braços arredondado à frente e o outro na lateral, é a fusão da primeira com a segunda posição. Na quarta posição um dos braços é posicionado à frente e o outro arredondado acima da cabeça – essa posição é a fusão da primeira e da quinta posição. Na quinta posição, os dois braços permanecem arredondados acima da cabeça.

Figura 4.3 Primeira posição dos braços

Evelyne Correia

Figura 4.4 Segunda posição dos braços

Evelyne Correia

Figura 4.5 Terceira posição dos braços

Evelyne Correia

Figura 4.6 Quarta posição dos braços

Figura 4.7 Quinta posição dos braços

4.1.3 Posições básicas dos membros inferiores

O balé clássico utiliza cinco posições básicas dos pés. Essas posições partem de uma rotação externa do quadril, denominada *en dehors*, na qual joelhos e tornozelos também devem estar direcionados para fora. É importante que, nessas posições, toda a sola do pé esteja apoiada no chão (Sampaio, 2013).

Na primeira posição os calcanhares ficam unidos e os pés em *en dehors*, direcionados para fora. Para a segunda posição, os calcanhares são afastados aproximadamente na largura do quadril. Na terceira posição, os pés ficam em *en dehors*, com o calcanhar de um dos pés unido na direção do meio do pé de trás. A quarta posição é semelhante à terceira posição, porém com os pés afastados, um mais à frente do que o outro, em *en dehors*, os calcanhares devem estar alinhados e a distância de um para o outro é de, aproximadamente, o tamanho de um pé. Na quinta posição a ponta do pé de base fica exatamente atrás do calcanhar do pé da frente, em *en dehors*, posição em que os joelhos e as coxas ficam unidos. Na posição paralela, também chamada de *sexta posição* por alguns autores e metodologias, os pés ficam fechados lado a lado, com os calcanhares unidos e as pontas dos dedos voltadas para a frente.

Figura 4.8 Primeira posição dos pés

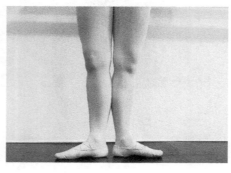

Figura 4.9 Segunda posição dos pés

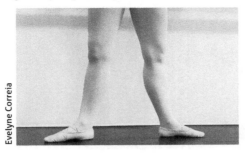

Figura 4.10 Terceira posição dos pés

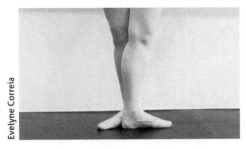

Figura 4.11 Quarta posição dos pés

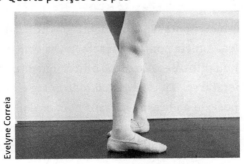

Figura 4.12 **Quinta posição dos pés**

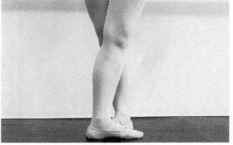

Figura 4.13 **Posição paralela ou sexta posição**

A ponta e a meia ponta são movimentações utilizadas durante a dança clássica. A meia ponta é caracterizada com o calcanhar fora do chão enquanto o peso do corpo é direcionado para as falanges e para o metatarso. O peso é distribuído entre todos os dedos dos pés. Essa posição pode ser realizada com os dois pés ou com um pé de cada vez, e é utilizada em todos os níveis de ensino. Quando um dos pés ou os dois pés perdem o total contato com o solo, ocorre então a flexão plantar, denominada *ponta*.

Figura 4.14 Bailarina realizando a meia ponta

Marina Kliets/Shutterstock

De acordo com Souza (2012), o uso das sapatilhas de pontas é uma das características marcantes do balé clássico, de uso exclusivo das bailarinas, com exceção de alguns balés neoclássicos que podem, por opção do coreógrafo, utilizar o acessório em bailarinos. O uso das sapatilhas de pontas é condicionado a anos de prática e ao desenvolvimento das técnicas básicas do balé clássico. Nas escolas específicas para formação de bailarinos, as alunas geralmente iniciam o uso das sapatilhas de pontas com, aproximadamente, 12 anos de idade, lembrando que se deve levar em consideração a maturação biológica e o conhecimento técnico da aluna para iniciar esse processo de aprendizagem.

Figura 4.15 Sapatilhas de pontas

mavkate/Shutterstock

4.1.4 Exercícios na barra

A barra é a primeira parte da aula de balé. Nessa etapa, o aluno sedimenta a base técnica, aprende e aperfeiçoa os passos que, futuramente, serão realizados no centro da sala de dança, sem o apoio da barra. O equilíbrio, também chamado de *ballance*, é um dos exercícios mais utilizados na barra como preparação para as sequências de movimentos no centro da sala. Alguns professores optam em realizar exercícios preparatórios no solo antes de iniciar a aula na barra. Para Sampaio (2007, p. 58), "Os elementos que compõem uma aula de ballet (alongamento, força, agilidade e explosão) são de diversas maneiras organizados, e a sequência de exercícios muda dependendo de que escola ou método esteja sendo aplicado". Em espaços alternativos, ou seja, fora de uma sala de dança, é possível utilizar uma cadeira ou a parede como apoio para a realização dos exercícios de barra.

Vamos conhecer alguns dos principais exercícios realizados na barra durante uma aula de balé clássico.

O *demi plié* e o *grand plié* são exercícios que trabalham a força para a realização de futuros saltos, além da flexibilidade articular. O *demi plié* é caracterizado pela semiflexão dos joelhos, sem que os pés percam o apoio do solo, enquanto no *grand plié* é realizada a máxima flexão dos joelhos com a retirada dos calcanhares do solo. Pode ser realizado em todas as cinco posições dos pés, dependendo do nível do bailarino.

Figura 4.16 *Demi plié* e *grand plié*

O *souplesse* é um exercício de alongamento e fortalecimento da musculatura dos membros inferiores e posteriores do tronco. Sua execução pode ser realizada para frente (*en avant*), para as laterais (*à la second*) e para trás (*derrière* ou *cambré*). Os membros inferiores são a base de sustentação desses movimentos, em que os pés devem estar em *en dehors* e os joelhos não podem ser flexionados durante a movimentação.

Figura 4.17 *Souplesse en avant, à la second* e *derrière*

O *battement tendu* é considerado o principal exercício para o fortalecimento muscular e base para os demais exercícios realizados na dança clássica. Nesse movimento, o pé desliza pelo solo, estendendo o arco do pé, o calcanhar perde o contato com o solo e todo o membro inferior realiza a rotação externa em *en dehors*. Esse exercício é realizado para frente (*en avant*), para as laterais (*à la second*) e para trás (*derrière*). É realizado a partir da primeira, terceira ou quinta posição dos pés da dança clássica. O *battement jeté* é similar ao *battement tendu*, no entanto, os dedos dos pés perdem o contato com o solo ao final da movimentação a uma altura de, aproximadamente, 10 centímetros do solo. É um exercício utilizado para desenvolver a agilidade dos membros inferiores e é realizado a partir da primeira, terceira ou quinta posição dos pés da dança clássica.

Figura 4.18 *Battement tendu* e *jeté, en avant, à la second* e *derrière*

Battement tendu: frente, lado e atrás

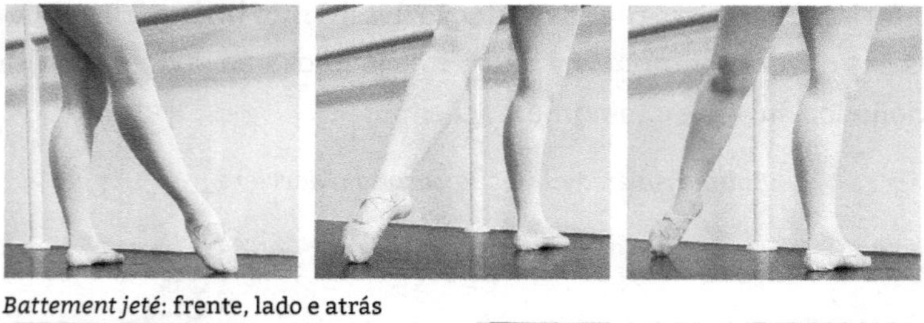

Battement jeté: frente, lado e atrás

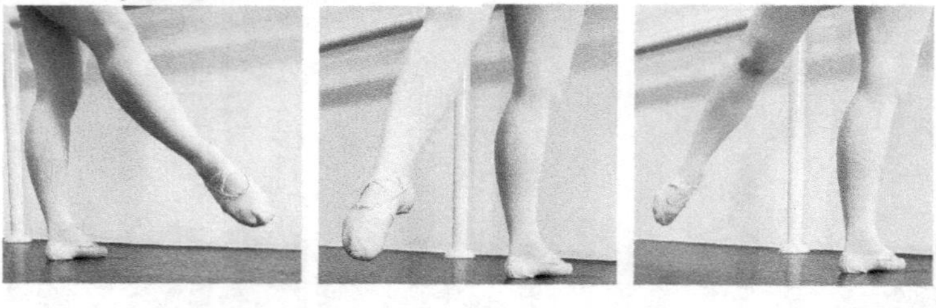

Evelyne Correia

O *releve* é utilizado para fortalecer a musculatura posterior da perna, gastrocnêmio e sóleo (panturrilhas). É realizado a partir da semiflexão dos joelhos para a posição da meia ponta, ou da ponta, no caso da utilização das sapatilhas de pontas. Pode ser realizado a partir de todas as cinco posições dos pés da dança clássica.

O *retiré* é um exercício auxiliar na preparação para a realização de giros no centro, além de trabalhar o equilíbrio. Durante a execução, um dos pés é retirado do solo e posicionado à altura do joelho da perna de base e, com o joelho da perna de ação flexionado, a perna de ação realiza o movimento também denominado *passé*.

Figura 4.19 *Retiré passé*

Evelyne Correia

4.1.5 Exercícios no centro

O centro é a parte da aula na qual os alunos dançam sem o apoio da barra. Essa etapa é dividida em *adágio* e *alegro*. O *adágio* é composto de sequências de movimentos lentos, giros, transferências de peso, demonstrações de força e flexibilidade dos membros inferiores e grandes poses. No *alegro* são realizados movimentos rápidos e ágeis, como pequenos e grandes saltos e giros rápidos (Sampaio, 2013).

Para Kassing (2016), o *port de brás* pode ser traduzido como movimentação dos braços. Esse exercício incorpora a movimentação dos braços em várias posições, sequências e direções e melhora a coordenação dos braços em conjunto com movimentos pequenos do tronco e da cabeça e com a respiração. O *port de brás* desenvolve o sincronismo dos movimentos de braço que, posteriormente, serão incorporados às sequências de movimentos com os membros inferiores.

Como citado anteriormente, os passos aprendidos na barra também são realizados no centro da sala. Além de outros passos da dança clássica que só podem ser realizados no centro, podemos citar os grandes saltos, como o *grand jeté*, que consiste em realizar um salto com deslocamento para a frente e, por um instante, as duas pernas ficam estendidas no ar, e as piruetas ou *pirouettes*, nas quais o giro acontece sobre uma das pernas enquanto a outra permanece na posição do *passé en dehors*. A bateria, também realizada no centro, é composta por uma sequência de pequenos saltos, nos quais os bailarinos demonstram agilidade e precisão. E não podemos deixar de citar a valsa, na qual os bailarinos realizam a dança em diversas direções da sala, com giros, saltos e passos de deslocamento, demonstrando graciosidade e harmonia entre os movimentos (Sampaio, 2007).

Figura 4.20 Alunas realizando saltos de balé clássico no centro da sala

Gligatron/Shutterstock

A parte final de uma aula de dança clássica é a *révérence*, caracterizada por uma sequência de movimentos lentos com *port de bras* para agradecer ao professor e ao músico da aula, no caso de aulas com música ao vivo. Ao fim da *révérence*, os alunos se curvam suavemente e todos aplaudem (Kassing, 2016).

4.2 Dança moderna e contemporânea

As danças moderna e contemporânea têm origens similares, no entanto, nos dias de hoje, são consideradas duas modalidades diferentes pelas características adquiridas ao longo do tempo, apesar de, por vezes, utilizarem as mesmas técnicas de movimentações, como a constante utilização do solo durante a dança (Silva, 2018). *Dança moderna* é o termo que descreve diversos tipos e técnicas de dança. Por sua vez, a dança contemporânea abrange uma variedade de técnicas, gêneros, ritmos, formas e *performances*. Por essa razão, é considerada uma dança em constante transformação.

O século XX foi palco de inúmeras transformações em diferentes áreas do conhecimento, e na dança não haveria de ser diferente. Conforme já citado nos capítulos anteriores, essa manifestação cultural passou por um processo em que houve a desconstrução da dança clássica somada às novas propostas de danças modernas. Dentre os principais responsáveis por essas transformações, citamos: François Delsarte (1811-1871), que enfatizou a relação entre gesto e emoção durante a dança e foi um dos precursores da dança moderna, influenciando bailarinos, coreógrafos e atores; Émile Jaques-Dalcroze (1865-1950), coreógrafo que propôs reflexões por meio do ensino da música, de modo a contribuir com a integração de movimentos corporais e ritmos; e Rudolf von Laban (1879-1958), que estudou e estabeleceu os princípios básicos do movimento e da linguagem corporal (Caminada, 1999). A dança moderna se fundamenta em novas formas de dançar, movimentar o corpo e utilizar diferentes espaços, tempos e intensidades. A bailarina Isadora Duncan foi a precursora na utilização desses novos meios de dançar.

> A norte-americana Isadora Duncan (1877-1927) é mencionada como uma das bailarinas responsáveis pela criação e difusão dessa nova forma de dançar. Para ela, a dança moderna exigia movimentos e técnicas mais livres do que os do passado, assim como novas músicas, vestimentas e a libertação do uso de sapatilhas, diferentemente do balé clássico disseminado na Europa. (Rodrigues, 2018, p. 37)

Já a dança contemporânea surgiu entre as décadas de 1940 e 1950, buscando novos olhares e novas reflexões acerca dos estilos de dança da época. O coreógrafo pioneiro da dança contemporânea foi Merce Cunningham (1919-2009). O artista propôs o rompimento dos moldes formais de dança e inspirava a casualidade, sem a dependência de cenários e o acompanhamento da música. Surgiram também as danças direcionadas para filmes, vídeos e com uso da tecnologia (Langendonck, 2018).

A dança contemporânea buscou interiorizar a dança, com foco nos sentimentos e nas sensações do bailarino. A consciência corporal e a exploração do corpo no espaço passaram a ser fundamentais para as aulas e *performances* dessa modalidade de dança, que rompeu com as tradições e técnicas de padrões rígidos impostos às danças e aos bailarinos, tornando-se uma dança democrática, inclusiva e que está em constante transformação. Segundo Rodrigues (2018, p. 37):

> *A dança contemporânea propõe movimentos corporais fundamentados nos sentidos e na livre expressão, de maneira antagônica em relação às técnicas rígidas instauradas pelas correntes de balé predecessoras. Afinal, o desenvolvimento dos grandes centros urbanos motivou o aperfeiçoamento das tecnologias e representações sociais e, nesse cenário, a dança tomou iniciativa para romper com vertentes artísticas hegemônicas e, por conseguinte, construir novos olhares sobre a sua área a partir de múltiplas linguagens.*

Figura 4.21 Crianças realizando movimentação de dança moderna e contemporânea no solo

hedgehog94/Shutterstock

4.2.1 Posições básicas dos membros inferiores

Nas danças moderna e contemporânea são utilizadas, prioritariamente, as posições dos pés em posições paralelas, no entanto, as cinco posições básicas do balé clássico em *en dehors* também são utilizadas, de acordo com a opção do professor e/ou coreógrafo (Giguere, 2016). Na primeira posição paralela, os pés devem estar paralelos na linha dos quadris, com os dedos voltados para a frente; na segunda posição paralela, os membros inferiores devem estar abertos em uma distância um pouco maior que a largura dos quadris; e na quarta posição paralela, um dos pés é posicionado levemente à frente do outro, mantendo-se a distância da largura dos quadris.

Figura 4.22 Primeira posição paralela

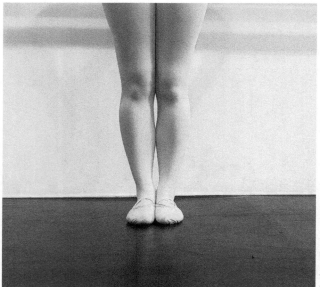

Evelyne Correia

Figura 4.23 Segunda posição paralela

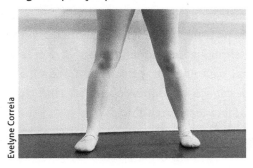

Figura 4.24 Quarta posição paralela

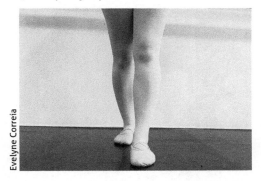

As movimentações no solo são características nas danças moderna e contemporânea, pois o solo é considerado como uma fonte de energia. Devido a essa característica, grande parte da aula acontece nas posições sentada ou deitada (Giguere, 2016).

A primeira posição no solo consiste em sentar-se com ambas as pernas estendidas à frente. Os joelhos devem estar voltados para cima com as pernas em paralelo. A segunda posição no solo é similar à segunda posição paralela em pé, mas no solo as pernas ficam estendidas e afastadas, com os joelhos voltados para cima. Na quarta posição no solo, o joelho da perna da frente é flexionado, com o joelho voltado para fora e o pé em direção à linha mediana do corpo, a perna de trás também fica com os joelhos flexionados, mas em um ângulo reto em relação à outra perna. Em todas as posições a coluna deve permanecer ereta. A posição em X é baseada no trabalho da fisioterapeuta Irmgard Bartenieff (1900-1981) e simboliza exatamente a letra X. Nessa posição, em decúbito dorsal, o aluno deve abrir os membros superiores estendidos acima da cabeça, enquanto os membros inferiores também devem estar afastados e estendidos.

Figura 4.25 Primeira posição no solo

Figura 4.26 Segunda posição no solo

Figura 4.27 Quarta posição no solo

Figura 4.28 Posição em X

Evelyne Correia

4.2.2 Movimentações corporais básicas

A respiração e a flexibilização da coluna vertebral são pontos importantes para essas modalidades de dança, em que o tronco se torna um segmento corporal muito expressivo. As torções e contrações são exemplos de movimentos que ocorrem de forma sincronizada com a respiração. Nas contrações, a coluna é flexibilizada durante a contração abdominal, enquanto o aluno realiza a expiração; da mesma forma, durante a torção ocorre a expiração e a inspiração no retorno da posição inicial da torção (Giguere, 2016).

Os apoios são os pontos que sustentam o corpo no contato com o solo durante a dança. Podem ser utilizadas diferentes partes do corpo além dos pés, como joelhos, ombros etc. Os rolamentos consistem no deslocamento do corpo no solo, por meio de técnicas específicas para facilitar as movimentações e evitar lesões. Os equilíbrios podem ser estáticos ou dinâmicos e podem ser realizados com o tronco descentralizado. Os saltos podem ser realizados com troca de peso corporal por meio da alternância dos pés, ou com os dois pés simultaneamente. Também podem ser realizados com elevações de joelhos ou extensões de pernas e ser seguidos de quedas, que devem ser realizadas com técnicas específicas para evitar lesões. As contrações e as torções são movimentos de flexibilização da coluna; as contrações podem ocorrer também nos quadris e ombros e as torções podem ser realizadas em diferentes direções (Giguere, 2016).

Figura 4.29 Bailarina demonstrando um movimento de contração

Evelyne Correia

Figura 4.30 Bailarina demonstrando um movimento de torção

Rolamento e queda

Apoio no solo, torção e equilíbrio

4.3 Danças de matriz africana, indígenas e folclóricas

A cultura brasileira é muito rica, formada por uma mistura de raças, crenças, comportamentos e costumes. As trocas e relações culturais iniciaram com a colonização europeia, os negros escravizados e os indígenas que já habitavam o Brasil. Posteriormente, houve a miscigenação com a chegada dos imigrantes franceses, holandeses, italianos, espanhóis e japoneses. Hoje, é possível encontrar os elementos culturais da dança em diversas regiões do país (Ribeiro, 2019).

4.3.1 Danças de matriz africana

As danças afro-brasileiras compõem a cultura popular brasileira e podem ser consideradas uma tradução de danças que, ao longo do tempo, foram recriadas, ganhando novos significados. Como exemplo, podemos citar a dança dos orixás, o afoxé, o samba, o maculelê e o maracatu. Os batuques são uma característica marcante das danças de matriz africana. Os tambores chegaram ao Brasil com os escravizados e eram utilizados para evocar os orixás. Nos dias de hoje, são utilizados atabaques e outros instrumentos de percussão.

O samba é a dança de origem africana mais popular no Brasil. Em 2004, foi considerado Patrimônio Cultural Brasileiro e, em 2005, Patrimônio da Humanidade. O dia do samba é comemorado em 2 de dezembro. Existem várias categorias e nomes de samba que variam de acordo com a região, como o *samba de roda*, *samba corrido* e o *samba chula*. No *samba de roda*, como diz o próprio nome, os participantes se revezam no centro da roda, muitas vezes fazendo a troca de um para o outro por meio da umbigada. No samba corrido, os participantes sambam juntos no centro da roda, os pés deslizam para frente e para trás enquanto os quadris se movimentam. No samba de chula, as músicas contam pequenas histórias amorosas, os pés se movimentam rapidamente no chão, com pouca elevação do calcanhar e girando no próprio eixo em alguns momentos (Rodrigues, 2018).

De acordo com Brandão (2006), as *nações de maracatu*, como são chamadas as festas e os cortejos populares, acontecem com mais frequência no período do carnaval, no Estado de Pernambuco e em outros estados do Nordeste. Os primeiros grupos de maracatu surgiram no Brasil com a chegada dos primeiros escravizados, por volta de 1540. O maracatu se configura como um cortejo em que a música e a dança representam a corte, que é composta pelos personagens porta-estandarte, rei, rainha, príncipe, princesa, casais de nobres, duas damas do paço, o caboclo de pena, baianas e escravizados.

Segundo Rodrigues (2018, p. 69), existem dois tipos de maracatu: o Maracatu Nação e o Maracatu Rural

A dança O Maracatu Nação, ou Baque Virado, é característico [sic] da região metropolitana de Recife, se [sic] identificando como um cortejo de uma corte, sendo criado primeiro que o Maracatu Rural. Segundo registros históricos, a probabilidade é que tenha surgido em 1711. Já no Maracatu Rural, ou Baque Solto, os integrantes são os trabalhadores da zona rural que representam, nessa manifestação, as suas brincadeiras. O caboclo de lança é o seu personagem principal, sempre se apresentando a partir das suas características, trazendo sempre uma grande quantidade de fitas coloridas na cabeça, uma gola coberta de lantejoulas e uma flor branca pendurada na boca, entre outros adereços.

Figura 4.31 **Desfile de maracatu nas ruas de Pernambuco**

PHOENIX1423/Shutterstock

4.3.2 Danças indígenas

As danças indígenas são frequentemente associadas às situações do cotidiano, ligadas à natureza, colheitas, cerimônias ritualísticas de nascimento, morte, casamento, entre outras, e são sempre acompanhadas por música, comidas, vestimentas, pinturas corporais e outras expressões corporais. O caráter teatral dos rituais envolvendo as danças também tem o papel de transmitir histórias, costumes e ensinamentos ao longo das gerações (Mascioli; Dias, 2019).

Rodrigues (2018) cita algumas características similares nas danças indígenas, a saber: a organização espacial em círculos e fileiras, os joelhos flexionados, as batidas dos pés no chão, o tronco levemente flexionado para a frente, os deslocamentos em diferentes direções e o compasso binário para marcar o ritmo da música.

O *toré* é uma dança indígena brasileira presente em todo o território nacional e representa um ritual sagrado de resistência e de amizade entre as aldeias. A dança inicia com uma oração silenciosa feita pelo cacique da aldeia e acontece no centro do círculo. Os integrantes pisam fortemente no solo, marcando o ritmo acompanhado pelo maracá e pelo tambor, ao comando do líder do grupo.

A catira ou cateretê apresenta uma forte simbologia dos valores culturais portugueses e indígenas e produziu a chamada *identidade caipira* no interior dos estados de São Paulo, Paraná, Minas Gerais, Goiás e Mato Grosso. A dança acontece ao som de uma dupla de violeiros e os dançarinos ficam posicionados em duas fileiras, uma de frente para a outra. Os puxadores são os "catireiros" mais experientes, que conduzem a coreografia com o auxílio das palmas (Ribeiro, 2019).

Os povos indígenas do Alto Xingu realizam a dança ritual *kuarup*, nome de uma madeira que representa o espírito dos mortos. Um tronco da madeira é decorado, mulheres e crianças recitam palavras de gratidão aos mortos e os homens, com os corpos pintados e enfeitados, são os responsáveis por executarem a dança. Após a dança, é encenada a luta denominada *huka-huka* e, após a luta, os troncos são carregados até as águas de um rio para que sejam levados pela correnteza, simbolizando uma outra vida.

Figura 4.32 Povo Xingu dançando durante o ritual *kuarup*

celio messias silva/Shutterstock

A dança dos *praiás* é própria dos terreiros Pankararu, em Pernambuco, e é realizada durante a festa para homenagear uma entidade sagrada chamada *encantado*. A dança acontece em círculos, filas, fileiras, trazendo nos passos pequenos contratempos. São utilizadas máscaras que cobrem todo o rosto e uma roupa feita de palha (Rodrigues, 2018).

4.3.3 Danças folclóricas

Folclore é definido como um conjunto de tradições, crenças, canções e costumes de um povo. A dança folclórica, no contexto escolar, abrange aspectos de valorização, identidade e preservação, além do reconhecimento das diversas culturas existentes no Brasil. O trabalho com as danças folclóricas requer do professor pesquisa histórica e cultural, e vai além da repetição dos passos básicos de cada tipo de dança. Essa etapa de pesquisa pode ser realizada, inclusive, em conjunto com os alunos por meio de dinâmicas de metodologias ativas. O Brasil é rico em danças folclóricas. Além das danças de origem indígenas e africanas, o país recebeu influências de muitos imigrantes em diversas regiões do país (Ferreira, 2009). Ferreira (2009) elenca alguns exemplos de danças folclóricas regionais brasileiras:

- **Região Sul**: prenda minha, dança do pezinho, vaneirão, dança do balaio, dança da boleadeira, chula e chimarrita.
- **Região Norte**: boi-bumbá, dança dos deuses, carimbó e dança do coco.
- **Região Nordeste**: maculelê, frevo, afoxé, xaxado, axé, mulher rendeira, xote, baião e forró.
- **Região Sudeste**: catira, samba, quadrilha, folia de reis, calango e fandango.
- **Região Centro-oeste**: dança do boiadeiro, dança do fogaréu, congada, cavalhada, siriri e chegança da marujada.

Na região Sul, especificamente em Santa Catarina, encontramos a dança boi de mamão. Composta por vários personagens, encena a história de um boi que adoece e, por fim, ressuscita, motivo pelo qual todos dançam em comemoração ao feito. A apresentação é feita com o acompanhamento de músicas e danças que narram a história ao som de violão, cavaquinho e pandeiro (Ferreira, 2009).

No Rio Grande do Sul, destacamos a dança do pezinho, com marcações dos pés por parte dos bailarinos ao redor de si próprios que, além de dançar, também cantam. Essa dança é comum nas escolas em período de festas juninas. Vamos conhecer uma sugestão de passos para a dança do pezinho, que pode ser utilizada para a educação infantil e anos iniciais do ensino fundamental. Em pares, os alunos iniciam a dança, posicionados um de frente para o outro.

Oi bota aqui, oi bota ali, o seu pezinho
(Movimentar o pé à frente e atrás, revezando entre direito e esquerdo)
O seu pezinho bem juntinho com o meu

(Colocar o pé direito à frente e balançá-lo de um lado para o outro)
E depois não vai dizer
(Dar os braços, girar para o lado direito e bater duas palmas)
Que você se arrependeu
(Dar as mãos no alto da cabeça, girar para o lado esquerdo e bater as mãos duas vezes)

No Norte brasileiro, destacamos o carimbó, presente especialmente em Belém do Pará. A dança é realizada em roda e as mulheres usam saias coloridas. Utiliza-se como acompanhamento musical tambores, banjo, maracás, flautas, ganzás, reco-recos e pandeiros (Castro; Brito; Rodrigues, 2019).

Figura 4.33 Grupo de dança realizando o carimbó

Rubens Chaves/Pulsar Imagens

No Nordeste, encontramos uma riquíssima fonte de danças folclóricas. Destacaremos, nesse momento, o frevo, que significa "ferver" e é popular em Pernambuco. A dança é realizada de forma individual, utilizando-se de uma minissombrinha. Os movimentos são alegres e frenéticos e as vestimentas, coloridas e confortáveis. A seguir, vamos conhecer alguns passos básicos do frevo:

- **Ponta de pé e calcanhar**: Consiste em alternar o apoio da ponta do pé e do calcanhar no solo.
- **Trocadilho**: É realizado pela troca constante das pontas dos pés e dos calcanhares.
- **Tesoura**: Passo cruzado com pequenos deslocamentos à direita e à esquerda. A perna de apoio é semiflexionada enquanto a outra perna permanece estendida e com o calcanhar apoiado no solo.

Figura 4.34 Bailarina demonstrando os passos básicos do frevo

Ponta do pé e calcanhar / trocadilho

Tesoura

Conforme destacam Castro, Brito e Rodrigues (2019), é de suma importância que as manifestações culturais e as danças folclóricas sejam contextualizadas na escola em diversas disciplinas e em diversos níveis de ensino. A cultura corporal é repleta de histórias e significados, portanto, é um potente transmissor de saberes e linguagens relacionadas à cultura de um povo.

4.4 Dança de salão

As danças de salão correspondem ao conjunto de danças de variados estilos musicais e técnicas executadas entre casais, nas quais são realizadas mudanças de direção, giros e postura. São praticadas como forma de lazer, integração, socialização ou competição. A diversidade das danças de salão praticadas no Brasil é imensa. Podemos citar alguns exemplos, como: samba de gafieira, forró, xote, xaxado, valsa, tango, bolero, soltinho, lambada, salsa e o *zouk* (Rodrigues, 2018).

A dança de salão incentiva o convívio social, a criatividade e o respeito, partindo das relações interpessoais e do ato de se movimentar e interagir com o corpo do outro. Para Rodrigues (2018, p. 89):

> *Um obstáculo típico ao trabalharmos a dança de salão com crianças e jovens diz respeito à timidez relativa a dançar com uma pessoa de outro sexo, de forma que questões de respeito e a possibilidade de permitir-se dançar com outro corpo em geral são desafios para os profissionais que atuam com esses grupos. Justamente por isso, a dança de salão é essencial no desenvolvimento de cidadãos mais colaborativos e tolerantes às diversidades motoras e socioculturais.*

A socialização e a interação com o corpo do outro podem ser realizadas de forma gradual. Para isso, os passos devem ser praticados de forma individual em um primeiro momento e, aos poucos, os pares devem ser formados, momento em que o contato corporal é inserido na dança. Quando em pares, a dança é realizada frente a frente: o cavalheiro oferece a mão esquerda para a dama que, por sua vez, apoia a mão direita na mão do cavalheiro e o braço esquerdo na região do ombro.

O forró é uma dança típica nordestina que ganhou espaço nos salões de dança, sendo uma ótima opção para inserir a dança de salão nas atividades escolares. É dançada em pares e acompanhada por música também denominada *forró*. A música de forró possui temática ligada aos aspectos culturais e cotidianos da região nordeste do Brasil (Ferreira, 2009). Vamos conhecer alguns passos básicos do forró, que podem ser primeiramente praticados de forma individual.

- **Básico lateral**: É realizado pelo deslocamento lateral de uma das pernas, a qual se unirá novamente à outra perna.
- **Básico frente e trás**: É realizado pelo deslocamento para frente de uma das pernas, a qual se unirá novamente à outra. O retorno do movimento é realizado por um passo atrás e a união das duas pernas novamente.
- **2 e 2 laterais**: É a união de dois passos básicos para a lateral.
- **Soltinho**: Nesse passo, um dos pés irá pisar atrás da perna de base, com leve transferência de peso, e retornar para a posição inicial. Da mesma forma, a outra perna que estava como base realiza o movimento, alternadamente.

Figura 4.35 Bailarina demonstrando os passos básicos do forró deforma individual

Passo básico lateral

Passo básico frente e trás

No que se refere ao ensino de dança de salão no contexto escolar, Castro, Brito e Rodrigues (2019) apontam que é necessário levar em consideração a realidade local, as possibilidades e os interesses dos estudantes, oportunizando as diversas manifestações culturais e estimulando a sociabilidade, os valores e padrões estéticos de forma crítica.

4.5 *Jazz*, sapateado e danças urbanas

O *jazz dance* e o sapateado nasceram da fusão das danças afro-americanas com outras danças. O *jazz*, com as danças dos salões, principalmente o *cãn-cãn* e o *charleston*, e o sapateado, com o *irish jig*, da Irlanda, e o *clog*, da Inglaterra. As duas modalidades são conhecidas pela forte relação com os espetáculos musicais que nasceram na Broadway e hoje acontecem em diversos países (Castro; Brito; Rodrigues, 2019).

As danças urbanas, por sua vez, surgiram na década de 1970, nos Estados Unidos da América, como uma das vertentes do movimento *hip hop*, composto por MC, DJ, grafite e *break*, em que os artistas iam às ruas como manifestação social (Fochi, 2007). Sobre o movimento *hip hop*, Fochi (2007, p. 63) afirma que "é muito mais que música e dança, muito mais que pular e requebrar – significado literal da tradução em inglês do termo", pois, para além disso, procura "conscientizar, educar, humanizar, promover, instruir e divertir os moradores da periferia, além de reivindicar direitos e o respeito a esse povo".

4.5.1 *Jazz*

O *jazz* chegou ao Brasil, juntamente com o sapateado, entre as décadas de 1930 e 1950, por meio dos programas de auditório, sendo reforçado a partir da década de 1960 com a chegada dos musicais e filmes de Hollywood. A partir da década de 1980, o *jazz* se consolidou como uma modalidade sistematizada nas escolas de dança. Nos dias atuais, o *jazz dance* ainda está presente nos teatros musicais e programas de televisão. Com a evolução das técnicas do *jazz*, atualmente, essa modalidade é dividida em diferentes estilos, como o *jazz* musical, o *modern jazz*, o *contamporany jazz*, o *lyrical jazz* e o *street jazz*. Algumas características são comuns em todos os estilos, como o isolamento dos segmentos corporais e a musicalidade (Castro; Brito; Rodrigues, 2019).

O isolamento dos segmentos corporais, a improvisação e os movimentos de contrações são características marcantes da dança *jazz*. Ela é realizada pela contração do tronco, com as costas curvadas para fora e com a pelve para frente (Strazzacappa; Morandi, 2011). Vamos apresentar agora alguns passos e técnicas utilizados na dança *jazz*.

Assim como em outras modalidades de dança, as posições básicas dos braços do balé clássico também são utilizadas no *jazz*. Outras são específicas desse estilo, como: primeira posição, os braços flexionados na altura do diafragma e os cotovelos flexionados; segunda posição, similar à segunda posição do balé clássico, no entanto, os cotovelos permanecem estendidos e as palmas das mãos viradas para baixo; terceira posição, um dos braços permanece estendido ao lado do corpo na altura dos ombros, enquanto o outro é estendido à frente do corpo, na linha do ombro; quarta posição, similar à terceira, no entanto, um dos braços é estendido para cima, em uma diagonal, enquanto o outro permanece estendido ao lado do corpo; quinta posição, os dois braços ficam estendidos acima da cabeça apontando para as diagonais e as palmas das mãos ficam voltadas para fora (Wessel-Therhorn, 2000).

Figura 4.36 Bailarina demonstrando as cinco posições dos braços do *jazz dance* e o movimento *jazz hands*

O *jazz hands* é uma movimentação das mãos muito característica no *jazz* e consiste em utilizar as mãos com os dedos bem abertos. Podem ser utilizados em diversas direções, de acordo com a criatividade do professor. As posições dos pés do balé clássico, em *en dehors*, e as posições paralelas da dança moderna também são utilizadas na dança *jazz*. Outros passos característicos do *jazz* são: *passé* paralelo, similar ao *passé* do balé clássico, em que um dos pés fica ao lado do joelho da perna de base e o joelho da perna que está flexionada fica direcionado para a frente; o *chassé*, termo originado do francês que significa "deslizar", consiste em realizar um passo com a perna de ação e deslizar a outra perna até unir as duas novamente, podendo ser realizado para frente ou para as laterais; e o *contratempo*, que é realizado por meio de três pisadas e consiste em um passo cruzado atrás da perna de base, um passo abrindo a perna de base e, por fim, a perna que iniciou o passo cruzado pisa à frente. Esses passos podem ser realizados em diferentes direções e são utilizados para deslocamentos (Wessel-Therhorn, 2000).

Figura 4.37 Bailarina demonstrando os passos da dança *jazz*, *chassé* e contratempo

Contratempo

Chassé

Evelyne Correia

4.5.2 Sapateado

Sapateado é uma forma de arte expressiva que usa a linguagem do som e do movimento. Os passos do sapateado produzem som por meio de plaquinhas de metal parafusadas nas solas de sapatos específicos para essa dança. As batidas no solo são realizadas com ou sem a transferência do peso corporal para o pé que está realizando a ação. Existem diferentes estilos de sapateado e o que os diferencia são a cadência, a velocidade dos passos e, em alguns casos, movimentos mais audaciosos e acrobáticos (Lewis, 2016).

Vamos apresentar alguns passos básicos do sapateado:

- **Tap**: Bater a chapinha da frente do sapato sem realizar a transferência de peso.
- **Step**: Bater a chapinha da frente do sapato realizando a transferência de peso para a perna que realiza a ação.
- **Stamp**: Bater o pé inteiro no chão realizando a transferência de peso para a perna que realiza a ação de bater o pé no chão.
- **Dig**: Também chamado de *heel dig*, que consiste em bater a plaquinha da parte de trás do sapato um pouco à frente do corpo, sem realizar a transferência de peso.
- **Toe**: Realizado quando apenas o bico do sapato toca o solo.
- **Brush**: A plaquinha da frente do sapato passa pelo solo, como um movimento de raspagem, sem transferência de peso, enquanto a parte de trás não toca o solo. Pode ser realizado para frente, para trás, para os lados e cruzado na frente da perna de base.

Figura 4.38 Bailarina demonstrando os passos básicos do sapateado

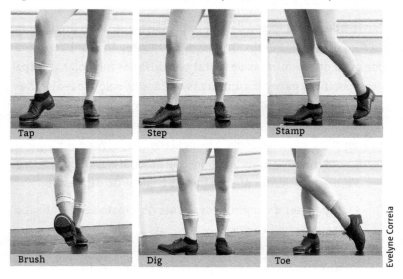

4.5.3 Danças urbanas

Inicialmente chamada de *dança de rua*, ou *street dance*, hoje o termo *danças urbanas* é o mais apropriado para descrever essa modalidade, por abranger os vários estilos dessa dança, incluindo também os que são de outra origem, como *locking*, *brooklyn*, *popping*, *boogaloo*, *b-boying* ou *b-girling (breaking)*, *freestyle* (estilo livre) etc. Os estilos se diferem pela maneira com que a dança é manifestada, isto é, dependendo dos tipos de movimentos que são executados. O *popping*, por exemplo, surgiu pela influência do *funk* e os movimentos são caracterizados por contrações musculares e a marcação dos movimentos pela música eletrônica (Fochi, 2007).

Guarato (2020) destaca uma característica marcante nas apresentações de danças urbanas: o uso de colagens musicais diversas, edições musicais com efeitos sonoros, como som de palmas, explosões e ruídos, que são acompanhados pelas movimentações e pelas formações dos dançarinos.

Nessa modalidade de dança, os movimentos naturais, como andar e saltar, são amplamente explorados e acompanhados por movimentos de braços, tronco e ombro, como ondulações e imitações robóticas (no caso do *break*). O *footwork*, considerado o passo básico das danças urbanas, consiste em um conjunto de movimentos com os pés, de acordo com o ritmo da música, a partir dos quais é possível realizar giros, chutes e apoios nos joelhos, de acordo com a criatividade do professor ou dos dançarinos. As gesticulações com os braços e as expressões faciais também são características marcantes nessa dança (Guarato, 2020).

Figura 4.39 Crianças realizando uma aula de danças urbanas

BearFotos/Shutterstock

As danças urbanas são realizadas com roupas casuais e tênis, para facilitar as movimentações corporais. Durante a dança, também são utilizados movimentos no solo e algumas acrobacias, como é o caso do *breaking*. Por ser uma modalidade inclusiva, as danças urbanas oportunizam aos jovens, em especial, a socialização sem perderem suas próprias identidades e personalidades.

ⅲ Síntese

Neste capítulo você pôde conhecer algumas modalidades de dança. Os conceitos e as técnicas não objetivam a formação em dança dentro da escola, e sim ser uma base para fundamentar as propostas de vivências corporais da dança no ambiente escolar. De maneira didática, trouxemos um breve histórico da dança clássica, seus conceitos e características. Apresentamos as cinco posições básicas dos braços e membros inferiores e, em seguida, os exercícios realizados na barra e, posteriormente, no centro da sala de dança. Conceituamos as danças moderna e contemporânea, apresentando as posições básicas, as movimentações realizadas no solo, as torções e contrações realizadas por meio da flexibilização da coluna vertebral.

Na sequência, identificamos as danças de matriz africana, indígenas e folclóricas. Tratamos do samba de roda, do samba de chula e do maracatu nação, passando, logo após, para as danças indígenas *toré*, realizadas em círculos com o objetivo de comemorar a amizade entre as aldeias, a *catira*, com forte simbologia dos valores culturais portugueses e indígenas, e o ritual aos espíritos dos mortos, o *kuarup*, dos povos do Alto Xingu. Seguimos para as danças folclóricas, observando as danças de diferentes regiões do país, como o boi de mamão e a dança do pezinho, do Sul, o carimbó, do Norte e o frevo, do Nordeste.

Identificamos o forró dentro da classificação das danças de salão e compreendemos a execução de alguns passos básicos deste. Trouxemos a origem do *jazz*, suas características e seus principais passos, seguindo para o sapateado, com sua particularidade da utilização de placas de metal nas solas dos sapatos, e, por fim, traçamos os aspectos históricos e conceituais das danças urbanas.

⫴ *Indicações culturais*

O PODER do ritmo. Direção: Sylvain White. EUA: Sony Pictures, 2007. 109 min.

O filme *O poder do ritmo* é uma produção norte-americana de 2007. O drama musical relata a história de um jovem negro dançarino de rua que, após a morte do irmão mais novo, entra em uma universidade e trabalha como jardineiro para pagar os estudos. O personagem decide ingressar numa tradicional competição de dança nacional, intitulada *stepping*, com o intuito de provar seu valor e se aproximar de uma garota. O filme provoca reflexões acera do movimento *hip hop* e das danças urbanas como ferramenta de valorização da história de vida e da identidade do personagem. Além de apresentar diversos passos técnicos das danças urbanas, há cenas emocionantes das batalhas de dança realizadas durante a competição.

KUARUP – ritual de homenagem aos mortos ilustres. **Iano Mac**, 3 maio 2018. 4 min. Disponível em: <https://www.youtube.com/watch?v=VYuRFl5FJh0>. Acesso em: 27 dez. 2022.

O vídeo "Kuarup – ritual de homenagem aos mortos ilustres" demonstra o ritual realizado pelos indígenas do Xingu em homenagem aos mortos. O ritual, descrito neste capítulo, é composto por canções, rezas, lutas e danças.

▥ *Atividades de autoavaliação*

1. Assinale a alternativa que apresenta uma das características da dança clássica:

    a) A realização da rotação externa da articulação coxofemoral, ou seja, o *en dehors* durante as movimentações dos membros inferiores.

    b) A realização de movimentos no solo, como rolamentos e quedas.

c) A utilização de instrumentos de percussão para trilha sonora, como o atabaque.

d) A flexibilização da coluna durante algumas movimentações, como contrações e torções.

e) A utilização de plaquinhas de metal parafusadas na sola dos sapatos para a saída do som realizado com os pés durante a dança.

2. Sobre as danças indígenas, observe as afirmativas a seguir.

I. A postura ereta e os joelhos estendidos são características comuns a todas as danças indígenas.

II. Representam situações da rotina diária e relacionadas com a natureza, como o clima, as colheitas e as cerimônias de nascimento, morte e casamento.

III. O *toré* é uma dança brasileira realizada pelos indígenas do Alto Xingu.

IV. As danças têm caráter teatral e são acompanhadas por música, lutas, comidas, vestimentas e pinturas corporais.

Estão corretas as afirmativas:

a) I e II.

b) III e IV.

c) I e III.

d) II e IV.

e) Todas as afirmativas estão corretas.

3. Assinale a alternativa que indica corretamente uma dança folclórica encontrada na Região Sul do Brasil:

a) Maracatu.

b) Frevo.

c) Dança do balaio.

d) Boi-bumbá.

e) Folia de reis.

4. Sobre as danças moderna e contemporânea, identifique se as afirmações a seguir são verdadeiras (V) ou falsas (F).

( ) A dança moderna apresenta novas formas de movimentar o corpo ao explorar diferentes espaços, tempos e intensidades.

( ) A dança contemporânea prioriza interiorizar a dança, com ênfase nas sensações do bailarino durante as *performances*.

( ) As danças modernas e contemporâneas não romperam com as tradições e técnicas rígidas impostas pela dança clássica.

( ) As movimentações realizadas no solo, como rolamentos e quedas, são características marcantes nas danças moderna e contemporânea.

Agora, marque a alternativa que apresenta a sequência correta:

a) V – F – V – V.

b) F – F – V – V.

c) F – V – F – V.

d) V – V – V – F.

e) V – V – F – V.

5. Assinale a alternativa que indica corretamente um dos passos das danças urbanas:

a) *Stamp* é a realização da transferência de peso de um pé para o outro com a batida do pé inteiro no chão.

b) *Footwork* é a combinação de movimentos realizados com os pés, como giros, chutes e apoios nos joelhos.

c) *Chassé* consiste em um passo amplo para frente ou para as laterais.

d) Tesoura consiste em passos cruzados com pequenos deslocamentos à direita e à esquerda.

e) *Port de brás* é a combinação de movimentos dos braços, em especial as cinco posições principais.

■ *Atividades de aprendizagem*

Questões para reflexão

1. Realize uma pesquisa sobre as danças folclóricas da sua região, identifique os aspectos históricos, musicais, trajes e principais passos realizados.

2. Assista a uma produção coreográfica de dança moderna ou contemporânea e uma produção coreográfica de balé clássico. Identifique as principais diferenças observadas em relação a: vestimentas, postura dos bailarinos durante a dança, flexibilização da coluna, movimentações no solo e estilo musical utilizado nas coreografias.

Atividade aplicada: prática

1. Com base nos aspectos técnicos e passos da dança clássica apresentados neste capítulo, elabore uma pequena sequência de passos para serem realizados na barra. Utilize uma cadeira ou a parede como apoio. Lembre-se de identificar a postura e a posição dos membros inferiores em *en dehors*.

Capítulo 5

Dança na educação básica

Katiuscia Mello Figuerôa

A dança é um conteúdo a ser trabalhado na escola. Isso é um fato. Entretanto, ocorre que, muitas vezes, essa manifestação artística e cultural é deixada à margem pelos professores de Educação Física ou Arte em seus planejamentos devido às dificuldades no seu tratamento pedagógico por pensarem que não têm conhecimentos técnicos suficientes sobre o tema ou devido aos preconceitos e estereótipos a ele relacionados, ficando relegado a momentos de festas ou datas comemorativas (Sousa; Hunger; Caramaschi, 2014; Martins; Iwamoto, 2021).

Esse conteúdo é compreendido como uma manifestação de relevância histórica e social, está presente em diversos espaços em nossa sociedade, é amplamente exposto pela mídia e, portanto, deve ser garantido como um saber próprio da escola. Além disso, está presente em documentos oficiais que norteiam o ensino básico em nosso país, como a Base Nacional Comum Curricular (BNCC), que traz as diretrizes mais atuais, e os Parâmetros Curriculares Nacionais (PCN), que ainda são utilizados por muitos professores por apresentarem algumas sugestões sobre como tratar os conteúdos.

As sugestões de trabalho apresentadas nos PCN de Arte são um pouco mais detalhadas do que para a Educação Física e apontam para o desenvolvimento de aspectos da dança como expressão e comunicação humana, manifestação coletiva, produto cultural e apreciação estética (Brasil, 1997a). Na prática, é notável que esse último aspecto seja mais trabalhado na disciplina de Arte. Os dois primeiros são compatíveis com o que se propõe para a educação física no que se refere às atividades rítmicas e expressivas e às manifestações da cultura corporal. Nos PCN são listadas algumas sugestões para a abordagem desse conteúdo, como os diversos tipos de dança (brasileiras, urbanas, eruditas, coreografadas etc.), lengalengas, brincadeiras de roda, entre outras (Brasil, 1997b). Em adição, podemos apontar que a abordagem indicada para a educação física no documento é complementar àquela utilizada no bloco de conteúdo *dança* do documento de arte, que destaca a concepção de dança como linguagem artística e seus aspectos criativos. Dessa forma, é possível que os professores de Arte e de Educação Física trabalhem de forma interdisciplinar, não só entre essas disciplinas, mas com todas as demais componentes do currículo escolar.

Em suma, para o presente capítulo, não traremos receitas prontas sobre como trabalhar o conteúdo dança em cada etapa de ensino, no entanto, reuniremos alguns ingredientes que podem ser utilizados por você na elaboração de suas próprias receitas.

5.1 Educação infantil

Essa fase é uma das mais importantes para o desenvolvimento infantil, já que a criança formará a base que a favorecerá por toda sua vida. A etapa compreende crianças de 3 a 5 anos, em média, que passam por relevantes transformações físicas, cognitivas e emocionais, além de ocorrer o desenvolvimento da sua personalidade e da linguagem (Figuerôa, 2020).

A dança pode ter uma contribuição valorosa nesse contexto, pois, segundo Gallahue, Ozmun e Goodway (2013), o ritmo inicial do desenvolvimento motor é influenciado pelas práticas culturais. A fase motora é classificada como fundamental, na qual as crianças apresentam uma melhora na capacidade de execução de diversos movimentos básicos, como correr ou saltar, além de começarem a definir a mão predominante (Papalia; Feldman, 2013).

Em nível cognitivo, Figuerôa (2020) resume que são demonstradas, por meio da capacidade de representação, possibilidades de imitação, simulação e resolução de problemas, ou seja, a competência para pensar se expande pela utilização de símbolos mentais – imagens ou palavras que representam algo –, o que é muito forte nessa fase, denominada *sensório-motora* por Piaget (1971).

Apontando alguns aspectos que podem ser relacionados à dança na educação infantil, as Diretrizes Curriculares Nacionais para a Educação Infantil (DCNEI) (Brasil, 2010b) trazem que as propostas pedagógicas para a etapa devem respeitar princípios éticos, políticos e estéticos (sensibilidade, criatividade, ludicidade e liberdade de expressão nas diversas manifestações artísticas), destacando que as práticas devem ter como eixo norteador as brincadeiras, promovendo a ampliação de experiências sensoriais, expressivas e corporais que respeitem a individualidade, o ritmo e os desejos das crianças, permitam a imersão em diferentes linguagens e domínios expressivos, favoreçam experiências éticas e estéticas, propiciem o contato e a interação com diversas manifestações de música e dança, entre outras, e promovam a interação e o conhecimento de manifestações e tradições culturais do nosso país.

A BNCC também destaca alguns aspectos importantes relativos ao conteúdo dança para a etapa, presentes em todos os campos de experiências propostas, com destaque para os campos "Corpo, gestos e movimentos", que tem como objetivos de aprendizagem e desenvolvimento, entre outros: "Criar movimentos, gestos, olhares e mímicas em brincadeiras, jogos e atividades artísticas como dança, teatro e música"; "Traços, sons, cores e formas", que traz objetivos relacionados à música e, por consequência, ao ritmo; "O eu, o outro e o nós", que tem entre seus objetivos "Comunicar suas ideias e sentimentos a pessoas e grupos diversos", "Demonstrar valorização das características do seu corpo e respeitar as características dos outros", bem como "Manifestar interesse e respeito por diferentes culturas e modos de vida" (Brasil, 2017, p. 45-48).

As propostas envolvendo a dança para essa etapa podem ser desenvolvidas por meio de brincadeiras e jogos simples, fundamentando-se no processo de interação, com estímulo à imaginação, à fantasia e à criatividade. Para isso, podem ser utilizados o histórico das danças, a produção de fantasias e cenários, a imitação de animais, entre outras possibilidades. Vale destacar que, nessa faixa etária, a música chama muito a atenção e, por meio de suas mensagens, unidas a coreografias/interpretações curtas e simples, pode-se abordar diversos temas, como a família, a escola, os colegas, outras disciplinas etc. Complementando, Ribeiro (2019) aponta que as intervenções, nessa etapa, devem envolver a exploração do espaço: deslocamentos de forma criativa por meio de estórias criadas e do ritmo das músicas relacionados aos conteúdos abordados em aula, como ritmos rápidos e lentos; planos, direções e trajetórias no espaço; expressões por meio de contextos lúdicos; exploração de movimentos com o apoio de diferentes materiais – alternativos ou não. Quanto às habilidades a serem desenvolvidas nas aulas de dança, a autora sugere concentração, criatividade, memorização, socialização, respeito e disciplina. No que se refere às capacidades, aponta ritmo, flexibilidade e coordenação motora, e sobre os conteúdos conceituais, destaca a terminologia dos passos, posições e desenvolvimento da modalidade.

Conceição, Gimenez e Martins (2021) propuseram atividades relacionadas ao conteúdo *dança* para essa faixa etária e pontuaram quatro elementos que devem ser trabalhados com as crianças para proporcionar a vivência e a aprendizagem de movimentos da dança, a saber:

1. **Respiração**: Proporciona autoconhecimento e autocontrole, que ajudam no desenvolvimento da atenção e da concentração. Esse elemento pode ser trabalhado no início, meio e fim das propostas com o intuito de preparar as crianças para as atividades, já que a consciência sobre a respiração pressupõe uma concentração no momento vivido. Para a dança em si, favorece a execução de movimentos com maior serenidade, o que leva a uma maior qualidade. Exemplo de atividade: com músicas instrumentais em ritmo moderado, iniciar a aula com a proposta de cheirar a florzinha e soprar a velinha (inspirar e expirar).

2. **Musicalidade**: Por meio desse elemento, é possível explorar os sentidos, em especial a audição, estimulando aspectos que influenciam as respostas ao ritmo. Além disso, desenvolve-se a consciência corporal, a sensibilidade, a concentração e a atenção. Exemplo de atividade: utilizar músicas de percussão e solicitar às crianças que produzam sons com diferentes partes do corpo. Podemos

complementar esse tópico trazendo Pedraça et al. (2021), que destacam que há um forte elo entre a criança e a música antes da sua entrada na escola e que, portanto, o ambiente da educação infantil deve aproveitar essa ligação preexistente.

3. **Expressão corporal**: O desenvolvimento desse elemento permite a experiência com diferentes formas de se movimentar e de se expressar. As crianças podem vivenciar sensações, sentimentos e imitar/representar situações vividas em diferentes contextos. Exemplo de atividade: trabalhar com a imaginação das crianças direcionando a atividade a diferentes ambientes, como uma floresta, utilizando sons que lembrem esse ambiente e diferentes animais, trocando a cada momento os animais que devem ser representados.

4. **Deslocamentos**: Explorar a lateralidade e estimular habilidades motoras básicas (andar, chutar, saltar etc.), pois podem ser utilizadas em movimentos com qualidades estéticas e artísticas e, ainda, para compor a linguagem corporal. Exemplo de atividade: Batata quente dançante – ao ritmo musical, um implemento (bola, bexiga etc.) deverá ser passado de mão em mão entre as crianças. Antes de passar a "batata", a criança deverá realizar um movimento de dança, direcionado ou não pelo professor. Quando a música parar, aquele que ficar com a "batata" na mão será "queimado". É importante não retirar os "queimados" da brincadeira para que esta seja mais cooperativa.

Os autores apresentam, ainda, alguns aspectos complementares para o encaminhamento das aulas que podem contribuir para o desenvolvimento geral das crianças, tais como (Conceição; Gimenez; Martins, 2021):

- **Curiosidade**: Esse aspecto é despertado por meio do repertório corporal, da descoberta de novas possibilidades e desafios.
- **Desenvolvimento interpessoal**: Acontece no relacionamento com os colegas e em produções colaborativas, que podem gerar laços de amizade.
- **Realização**: Auxilia na superação dos desafios lançados em aula, o que traz motivação pela autopercepção de que se conseguiu realizar a tarefa proposta.
- **Cooperação**: Desenvolve a competência para o trabalho em grupo e o senso de responsabilidade, além de incentivar o respeito ao próximo, a empatia e a cooperação, que são essenciais para as relações interpessoais em aula (aluno-professor e aluno-aluno).
- **Participação em grupo**: Ajuda na conscientização sobre o trabalho coletivo, uma vez que destaca a coletividade em detrimento da individualidade.
- **Percepção das finalidades**: Desenvolve a capacidade de compreensão das atividades, de percepção e de reprodução dos objetivos do aluno, ajudando na sua realização de forma significativa.

Lembrando que as propostas devem ser variadas, seguindo os objetivos determinados pelo professor, prazerosas e desafiadoras, de forma gradual.

Sobre as famigeradas coreografias para apresentações em festas e datas comemorativas (festa junina, fim de ano etc.) – muitas vezes temidas por professores de Educação Física, Arte ou Música, pois quase sempre são os encarregados por isso –, Martins e Iwamoto (2021) pontuam que modelos como ensaios direcionados à *performance*, posicionamento dos "melhores" à frente do grupo e coreografias impostas pelos professores não são significativos para as crianças, já que são mera reprodução de gestos para uma proposta que agrada a escola e o público, mas que, muitas vezes, não traz satisfação e não atende aos desejos das crianças, além de não explorar a dança em toda sua dimensão educativa – e isso serve para todas as idades. As autoras destacam a educação infantil nesse cenário e explicam que, na escola, o objetivo não é formar dançarinos, e sim oportunizar o contato com a arte e a estética, favorecendo a ampliação do acervo motor que possa dar a base necessária para uma melhor expressão corporal (Martins; Iwamoto, 2021).

As sugestões de Martins e Iwamoto (2021) para tais situações seriam: respeitar a linguagem própria dessa faixa etária ao utilizar a representação de papéis e brincadeiras e criar, em conjunto com as crianças, histórias para as festas e coreografias, dando significado aos movimentos por elas realizados; não impor movimentos que não tenham significado para as crianças (pode-se utilizar o faz de conta como estratégia para a elaboração e a escolha dos movimentos, o que pode ser feito pelas próprias crianças; promover a autonomia e a apropriação do processo – isso torna a criança parte daquilo que está sendo produzido, pois ela participa, tendo suas ideias, sugestões e opiniões ouvidas e ouvem os colegas, o que dá significado ao processo de construção da festa ou coreografia (pode ser feito por meio de brincadeiras); realizar um trabalho interdisciplinar, com a participação daquelas pessoas que participaram da vida acadêmica da criança, e não apenas de alguns professores.

Em suma, o que geralmente acontece nessa etapa referente à dança é que o conteúdo ainda é trabalhado de forma mecanicista, com gestos impostos pelos professores, ou espontaneísta, de modo a deixar as crianças livres para fazerem o que quiserem. Em contrapartida, diversos autores (Queiroz, 2013; Vieira, 2018; Ribeiro, 2019; Conceição; Gimenez; Martins, 2021; Martins; Iwamoto, 2021) reforçam a ideia de que a dança deve ser abordada nessa etapa por ser um conteúdo presente em vários conhecimentos de outras áreas e que envolve o indivíduo de forma integral, mas que a criança deve vivenciar situações educativas variadas, que envolvam o brincar e a movimentação espontânea, expressiva e criativa, com base em um planejamento e com objetivos pedagógicos definidos.

5.2 Ensino fundamental: séries iniciais

Nas séries iniciais, que abrangem a faixa etária dos 6 aos 10 anos, aproximadamente (do 1º ao 5º ano), são perceptíveis maiores diferenças relacionadas ao desenvolvimento físico das crianças. Gallahue, Ozmun e Goodway (2013) lembram que nessa etapa ocorre, ainda, o início da puberdade (pré-adolescência) e uma grande progressão do desenvolvimento motor, que pode ser mais ou menos acelerado devido à prática, ou não, de esportes ou outras atividades no contraturno escolar. Gallahue e Donelly (2008) destacam que entre os 7 e 8 anos as crianças passam a conseguir fazer a combinação e aplicação de habilidades motoras fundamentais ao desempenho de habilidades especializadas no que se refere às esferas esportiva e recreacional. Os autores citam que as habilidades apresentam maior controle e precisão e advertem sobre a necessidade de se trabalhar com variedade de práticas corporais para que não se produzam efeitos indesejáveis que possam vir a afetar os dois estágios finais da fase de movimentos especializados(Gallahue; Donelly, 2008).

Para complementar, citamos Rufino (2014), que descreve que as habilidades fundamentais dessa faixa etária, como correr, saltar, pular, rolar etc., são realizadas com maior controle, eficiência e coordenação.

Quanto aos aspectos cognitivos e morais, os estudos de Piaget (1971) apontam que há um amadurecimento que ocorre de forma paralela, o que possibilita à criança o desenvolvimento de conceitos de maior complexidade, maior domínio emocional e melhora no nível de compreensão.

Seguindo as proposições da BNCC (Brasil, 2017) para as aulas de Educação Física, o conteúdo *dança* para essa etapa do ensino deve enfatizar, no 1º e 2º anos, as danças do contexto comunitário e regional, em que se pode trabalhar com rodas e brincadeiras cantadas, rítmicas e expressivas, fazendo adaptações ou reinterpretações; e abordar os elementos constitutivos das danças – ritmo, gestos e espaço –, passando pelas diversas culturas. Do 3º ao 5º ano, o conteúdo deve abranger as danças do Brasil e do mundo, danças de matriz africana e indígena. As práticas podem envolver a experimentação, a recriação e a fruição das danças apontadas para a fase, promovendo a valorização e o respeito pelo sentido e pelo significado que a dança recebe em cada cultura; a comparação e a identificação dos seus elementos constitutivos; a formulação e a utilização de estratégias para a realização de tais elementos constitutivos; e a identificação de situações de preconceito ou injustiça que podem ser geradas ou que estão presentes no contexto das danças, incentivando debates sobre como tais situações podem ser superadas.

Para as aulas de Arte, a BNCC (Brasil, 2017) indica para a fase que se abordem: os contextos e as práticas por meio da experimentação e da apreciação de diferentes manifestações de dança, em diferentes contextos, estimulando o imaginário, a percepção e a capacidade de simbolizar e enriquecendo o repertório corporal; os elementos de linguagem, destacando as relações corporais, para que o movimento seja construído na dança, e a experimentação de diversas formas de orientação no espaço e ritmos do movimento para a construção da dança; e os processos de criação, que envolvem a criação e a improvisação na dança individual e coletiva, levando em consideração a estrutura, a dinâmica e a expressividade dos movimentos na dança, assim como debates sobre vivências individuais e coletivas da dança no ambiente escolar, que podem servir como base para a elaboração de vocabulários e repertórios próprios.

Dessa forma, destacamos que podem ser abordados, por meio da dança, nessa etapa, aspectos históricos e socioculturais, além de competências cognitivas, motoras e atitudinais dessa manifestação da cultura corporal. Nessa direção, Kawashima, Souza e Ferreira (2009) listaram alguns elementos da dança que podem ser trabalhados entre o 1º e o 5º ano. Para os 1º, 2º e 3º anos, são sugeridos:

- **Conteúdos procedimentais:** Sensibilização sobre o corpo (esquema, imagem e contato corporal), noção espaço-temporal, imitação com e sem modelo, jogos de imitação, habilidades básicas (andar, saltar, correr etc.), capacidades motoras (força, flexibilidade, agilidade, velocidade e resistência); jogos de faz-de-conta, oficinas de materiais pedagógicos (com materiais alternativos), jogos com regras simples e cooperativos, jogos de construção e brincadeiras populares, regionalização cultural; experimentação e criação de cantigas e brincadeiras de roda simples, produção de sons, acompanhamento rítmico, coreografias simples.
- **Conteúdos conceituais:** O que são corpo, espaço e capacidades motoras, localização dos grandes grupos musculares (podemos relacionar à dança); resgate de cantigas de roda, brinquedos e brincadeiras populares e folclóricas.
- **Conteúdos atitudinais:** Trabalho em grupo, cooperação, organização, criatividade, imaginação, respeito às normas, confiança, autonomia e tomada de decisão.

Já para os 4º e 5º anos, os autores (Kawashima; Souza; Ferreira, 2009) sugerem:

- **Conteúdos procedimentais**: Sensibilização sobre a imagem e consciência corporal sobre o próprio corpo e o do colega, noção espaço-temporal, jogos com vendas; capacidades motoras; experimentação e criação de brincadeiras populares, encenações, jogos com regras simples e complexas; ritmo lento e rápido, planos (baixo, médio e alto), elaboração de coreografias simples, exploração de ritmos e figuras diversas, danças circulares, danças folclóricas e regionais brasileiras, deslocamentos com expressão de sentimentos.
- **Conteúdos conceituais**: Conceitos referentes ao corpo, noções de corpo integral e influências culturais; teoria referente às brincadeiras tradicionais e folclore (danças populares e danças brasileiras); discussão sobre temas atuais presentes nas brincadeiras – por exemplo, há brincadeiras diferentes para meninos e meninas?
- **Conteúdos atitudinais**: Cooperação, organização, criatividade, imaginação, respeito às normas, autoestima, autoconfiança, tomada de decisão (em grupo e individualmente), tomada de consciência da prática, resolução de problemas, autonomia, amizade, confiança, relações interpessoais, respeito, inclusão e exclusão.

Sobre essa etapa, Ribeiro (2019) acrescenta que crianças de 6-7 anos apresentam dificuldades para a organização em grupos, de modo que o professor deve trabalhar no sentido do grande grupo para os pequenos grupos, propondo situações-problema referentes à dança que promovam a socialização. A autora sugere atividades em que os alunos tenham de tocar os corpos dos colegas ao fim de tempos rítmicos, dançar em grupos ou duplas com partes do corpo unidas, o que proporciona a socialização e o contato corporal de maneira natural na aula. Ela destaca que nessa idade já são visíveis as diferenças de experiências e competências de ações motoras de meninos e de meninas devido a questões culturais vivenciadas anteriormente – por exemplo, a melhor desenvoltura dos meninos em jogos em que são privilegiadas a força ou a velocidade, enquanto meninas, geralmente, saem-se melhor em atividades que envolvam ritmo, coordenação e expressão.

Por outro lado, com crianças de 7 a 10 anos, deve-se considerar a exploração das dimensões espaciais por meio da dança, pois a representação mental dos deslocamentos e posicionamentos da criança está sendo construída. Assim, pode-se privilegiar o trabalho relacionado ao espaço a partir de direções, trajetórias e planos de movimento. Na dança, esses elementos podem ser inseridos em sequências coreográficas realizadas em grupos ou de forma individual, em que são trabalhadas direções, potencialidades e limites individuais, promovendo a autoconfiança e o protagonismo, ao mesmo tempo em que tira o foco da ação individual dentro do grupo, o que pode ser um limitador para os alunos (Ribeiro, 2019).

Na sequência, veremos algumas características da etapa e elementos a serem desenvolvidos pelo conteúdo dança nas séries finais do ensino fundamental.

5.3 Ensino fundamental: séries finais

A etapa final do ensino fundamental é composta pelas séries que estão entre o 6º e o 9º ano, que abrangem adolescentes de 11 a 14 anos, em média – um período da vida favorável para o desenvolvimento cognitivo, emocional e físico e, ainda, para que sejam trabalhados diferentes temas transversais, em especial aqueles que atravessam as diversas situações das quais esses adolescentes fazem parte, como contextos que podem envolver o consumo de drogas lícitas e ilícitas e a falta de cuidados e informações sobre o início da vida sexual (Papalia; Feldman, 2013).

Adolescência

Segundo a Organização Mundial da Saúde – OMS (WHO, 1986), a adolescência é o período compreendido entre os 10 e os 19 anos. Conforme o Estatuto da Criança e do Adolescente (ECA), está entre os 12 e os 18 anos (Brasil, 1990).

Conforme Papalia e Feldman (2013) apontam, essa é a fase em que ocorre o estirão de crescimento (para meninos e meninas). Os autores alertam que a saúde física e mental pode ser afetada pela prática ou não de exercícios físicos e que sua regularidade pode trazer diversos benefícios, como manutenção da saúde de ossos e músculos, controle do peso, diminuição da ansiedade e do estresse, incremento da força, da resistência, da autoestima e do bem-estar como um todo, favorecendo, ainda, o desenvolvimento e a aprendizagem em outras áreas ou disciplinas.

Os PCN (Brasil, 1997b) trazem que, nessa etapa, meninos e meninas têm uma aproximação maior; iniciam-se as intenções de namoro, de exibição dos corpos e, também, a vergonha que isso pode acarretar. Nesse contexto, pode-se perceber que, nas aulas de Educação Física ou Arte, principalmente quando envolve o conteúdo dança, ocorre uma maior exposição dos estudantes, e é nessa ocasião que o professor deve fazer suas intervenções, sanando dúvidas, interpretando casos de vergonha, medo ou insegurança e evitando situações que possam gerar constrangimentos ou humilhações (Figuerôa, 2020).

Em nível cognitivo, Papalia e Feldman (2013) destacam que os estudantes dessa etapa têm, no geral, a capacidade de processamento de informações, de comunicação, de abstração e de emissão de julgamentos morais aumentadas, fato que, conforme explicam

Gallahue, Ozmun e Goodway (2013), oportuniza uma melhora nas tomadas de decisões, assim como o aumento da autonomia, da ênfase na forma e da relação com a tarefa e com o ambiente.

No que se refere ao desenvolvimento das habilidades, indica-se que, entre os 11 e 13 anos, inicia-se a aplicação da fase de movimentos especializados, na qual ocorre uma sofisticação cognitiva crescente e uma ampliação de base, que capacitam a tomada de decisões de aprendizagem e participação, apoiando-se em fatores referentes à individualidade, à tarefa e ao ambiente. Em suma, nessa fase, os estudantes escolhem ou evitam atividades específicas e há um destaque crescente na forma, na habilidade e nos aspectos quantitativos relacionados ao desenvolvimento motor, o que coloca esse período como favorável para que haja um refinamento e, assim, a possibilidade da utilização de habilidades mais complexas em jogos avançados, modalidades esportivas selecionadas e atividades de liderança (Gallahue; Donnelly, 2008).

Conforme apontado nos PCN (Brasil, 1997b), os estudantes dessa etapa são mais independentes, dominam diversos conhecimentos e estão bastante habituados à rotina escolar. Além disso, já compreendem regras com mais clareza, têm um repertório de jogos e brincadeiras e se organizam de forma autônoma, o que permite um aprofundamento dos conteúdos e o aumento da dificuldade e da complexidade de jogos e brincadeiras, assim como de movimentos ensinados, incrementando, dessa forma, os desafios propostos durante as aulas. Aponta-se no documento que, nessa fase, também é possível ampliar a percepção e a apreciação de manifestações culturais, já que os estudantes são capazes de discutir e emitir julgamentos sobre questões estéticas, de produção, técnicas e padrões de movimentos utilizados, percebendo e aprendendo sobre a diversidade e as possibilidades de prática ou apreciação. Por fim, sugere-se para a etapa que se enfatize a dimensão histórico-social e a riqueza das diferenças de cada manifestação corporal existente nas diversas culturas e o trabalho com os temas transversais, que será abordado com maior detalhe na Seção 5.5 deste capítulo.

Sobre o conteúdo *dança* na BNCC (Brasil, 2017), referente à educação física para a etapa, indica-se a ampliação do repertório com as danças urbanas (6º e 7º anos), que são evidentes na construção da identidade juvenil, e de salão (8º e 9º anos), que têm papel importante em nossa cultura, fazendo-se presentes em encontros familiares, festas de casamentos, espaços de lazer, entre outras oportunidades. Como objetivos, propõem-se, para os respectivos anos, a experimentação, a fruição e a recriação das danças urbanas e de salão, identificando gestos, espaços e ritmos de cada uma delas; o planejamento e a aplicação de estratégias para a aprendizagem dos elementos constitutivos de cada estilo; a percepção das diferenças entre as danças urbanas e outros estilos; a valorização e o respeito aos significados e sentidos que os diversos grupos sociais atribuem às danças urbanas; o debate sobre o preconceito e os estereótipos relacionados às danças de salão, além da proposição de formas de superar tal contexto; a análise dos gestos, dos ritmos, das músicas, das coreografias, dos grupos de origem e do histórico das danças de salão.

Para a disciplina de Arte, a BNCC (Brasil, 2017) propõe que se abordem: os contextos e práticas, por meio de pesquisa e análise de diversas formas de expressar, representar e encenar a dança, "reconhecendo e apreciando composições de dança de artistas e grupos brasileiros e estrangeiros de diferentes épocas"; os elementos de linguagem, por meio da exploração do movimento cotidiano e do movimento dançado, tratando de maneira crítica do desenvolvimento das diferentes formas de dança (na história tradicional e contemporânea), e da experimentação e análise dos elementos tempo, espaço, peso e fluência e suas combinações, que originam ações corporais e movimentos dançados; e os processos de criação, de forma a investigar e experimentar a criação e a improvisação que deem base para a ampliação dos vocabulários e repertórios próprios, investigar jogos, brincadeiras, danças coletivas etc. de matrizes culturais e estéticas diversas que embasem a autoria individual ou em grupo de composições, analisar e experimentar elementos como cenários, iluminação, figurino, trilhas sonoras e espaços para composições e apresentações, e, por fim, debater vivências pessoais e coletivas de dança no ambiente escolar ou em outros espaços, trazendo à discussão os preconceitos e estereótipos.

Ribeiro (2019) aponta que, do 6º ao 9º ano, o trabalho com dança pode abranger a força, a flexibilidade, a agilidade, a resistência muscular e cardiovascular, para além da expressão, do ritmo e da coordenação, representando desafios aos estudantes. A autora ainda destaca que, nessa fase, os estudantes já selecionam atividades de seu interesse para realizar em academias ou grupos com base em vivências prévias bem-sucedidas, fatores culturais, sua personalidade ou biotipo, além de serem bastante competitivos. Assim, o trabalho com a dança da escola deve ser desenvolvido por meio de estratégias desafiadoras, explorando o potencial expressivo dos estudantes, tanto para a comunicação quanto para a experimentação das diferentes modalidades de dança.

Para Marques (2006), a dança não deve ser abordada apenas pela imitação de movimentos ou de uma forma específica de dançar, e sim de forma a complementar e ressignificar essas ações por meio da exploração de novos gestos e combinações realizados em grupos ou individualmente. A autora sugere, como forma de ampliar as possibilidades de vivência, criação, compreensão, reflexão e produção de conhecimento sobre a dança, a experimentação de diferentes ritmos e formas de dançar, de gestos técnicos de diversas modalidades ou estilos de dança, análise dos gestos dançantes, apreciação de espetáculos ou vídeos, pesquisa referente ao contexto e sobre artistas, visitas a espaços especializados, leituras de textos, composições coreográficas ou atividades de improviso com base em temáticas específicas, contextos sociais, objetos ou palavras.

Com referência às danças propostas para a Educação Física no ensino fundamental (e que também podem ser abordadas em Arte) – danças do Brasil e do mundo, de matriz africana e indígena, urbanas e de salão, dentre outras que podem ser trabalhadas –, é importante considerar abordar, como conteúdo, não apenas o ato efetivo de dançar, mas as histórias dessas danças. Essa é a base da "abordagem triangular para o ensino da arte", idealizada pela arte-educadora Barbosa (1991; 1992; Barbosa; Cunha, 2010), visando à contextualização do que se dança e à criação de uma relação entre tempos e espaços dos dançantes e das danças.

Especificamente tratando das danças urbanas, podemos citar Araújo (2021), que sugere o trabalho com as batalhas de *hip hop*, que são diferentes de apresentações coreográficas. Em sua proposta, apontam-se tais batalhas como forma de se trabalhar a liberdade de expressão e a criatividade, pois o foco está na improvisação, respeitando as experiências e permitindo a exploração das possibilidades de cada um de dialogar com o outro por meio de mensagens corporais. Na improvisação, a formalidade da técnica é evitada em prol da expressividade do movimento (Fiamoncini; Saraiva, 2018) e o aluno é estimulado a criar gestos que mostrem sua forma de agir com base em suas vivências cotidianas, seus sentimentos e seus pensamentos.

Por intermédio dessa temática, é possível explorar diversos elementos do movimento que estão inseridos na cultura juvenil do nosso país, como seu histórico, o grafite, o *rap*, as figuras do *B-boy* e da *B-girl* (*breaking boy/girl*), o *break* e seus estilos (*house dance, krumping, locking, popping* etc.), ou sua variação, o *street dance.* No que se refere aos gestos da dança, podem ser explorados movimentos vistos em filmes ou videoclipes, de mímica, da ginástica, da capoeira etc.

Algumas práticas pedagógicas sugeridas por Araújo (2021) para as experiências com o *hip hop* nessa etapa são: realização de rodas de conversa, em que pode ser feito um diagnóstico sobre as experiências prévias dos estudantes; pesquisas; uso de material de apoio, como textos, filmes, videoclipes, fotografias, que deem apoio para debates e criações; vivência prática com experimentação e criação de movimentos e coreografias individualmente, em duplas ou grupos, fugindo da simples imitação e repetição de movimentos; no caso do *break*, criação de poses (*freeze*) e equilíbrio sobre diferentes partes do corpo; no caso do *popping*, imitação de um robô, fazendo ondas com o corpo, deslizando nas diferentes direções; estímulo à realização de movimentos lentos e rápidos, altos e baixos, transições de um passo a outro etc.; fotografia e filmagem das aulas, coleta de depoimentos dos estudantes, que podem ser usados para produção de outros materiais; realização de intercâmbios com a comunidade, como convidar algum grupo ou dançarino para uma troca de vivências no ambiente escolar.

Destacamos que tais sugestões podem ser aplicadas às demais danças indicadas para o ensino básico na BNCC, guardando as respectivas especificidades das modalidades de dança e das faixas etárias.

5.4 Ensino médio, Educação de Jovens e Adultos e cursos profissionalizantes

No ensino médio regular, a faixa etária está entre 15 e 17 anos, em média. Tratando desse intervalo etático, que também compreende a adolescência, lembramos que é uma fase crucial para que o jovem não se envolva em situações perigosas, que podem acontecer desde o início da adolescência, como já foi citado anteriormente (drogas e relações sexuais sem cuidados). Nesse sentido, Papalia e Feldman (2013) apontam que os esportes e as práticas corporais podem auxiliar na conscientização sobre as questões citadas anteriormente, na geração de benefícios à saúde integral e na prevenção de doenças.

Vale destacar que, nessa etapa da puberdade, ocorre uma redução acentuada nos níveis de atividade física, principalmente entre meninas (Nader et al., 2008; Reis et al., 2006). Em adição, Papalia e Feldman (2013) reforçam que meninas e mulheres jovens são mais afetadas do que homens nas situações de anorexia, bulimia e depressão devido à distorção da imagem corporal – enxergando-se como estando "fora do peso ideal" –, o que pode ser fatal. Ribeiro (2019) complementa, assinalando que essa é uma fase de muitos conflitos físicos e psicológicos que influenciam a autoestima, os estados de ânimo e a autoimagem e, portanto, indica que o trabalho com a dança deve ser realizado levando em conta tais características, com temáticas atualizadas e problematizadas para que seja algo significativo para os estudantes.

Sobre as orientações disponíveis nos documentos oficiais, lembramos que o ensino da dança é mencionado na BNCC como uma das linguagens no ensino médio tanto para o ensino de arte quanto para o de educação física, mas sem muitos detalhes. Destaca-se que os estudantes já vivenciaram diversas práticas e que há que se estimular a autonomia, dando continuidade às propostas desenvolvidas anteriormente com maior aprofundamento. Para a disciplina de Arte, há uma previsão para o aprofundamento na pesquisa e no desenvolvimento de processos de criação no que se refere à dança e suas conexões com outras linguagens artísticas, considerando, ainda, as tecnologias e a garantia do respeito e da valorização das culturas partícipes na formação da sociedade brasileira, em especial, as de matrizes indígena e africana (Brasil, 2017).

No caso da educação física, a BNCC preconiza que sejam exploradas práticas corporais de diversos grupos culturais e analisados valores e discursos inerentes a tais práticas, estimulando o desenvolvimento da curiosidade intelectual, da pesquisa e da capacidade argumentativa, além da experimentação de novas danças, em que os estudantes sejam levados à reflexão sobre tais práticas e suas relações com a saúde e com as dinâmicas sociais.

Pelas características da etapa, podemos sugerir que as atividades propostas não exponham os estudantes; os grupos sejam divididos por afinidade e sejam abordados conteúdos de seu interesse ou que estejam presentes em suas comunidades; as atividades sejam desenvolvidas em rodas, sem centralizar a atenção em pessoas específicas; e sejam utilizados vídeos, entre outras propostas.

Como os estudantes dessa etapa também já escolhem as atividades que praticam no contraturno escolar ou em academias, é interessante buscar estilos de dança com os quais tenham mais afinidade, como as danças urbanas, de salão etc. Nesse sentido, Diniz e Darido (2019) indicam a utilização das danças que têm destaque nas mídias, respeitando-se a regionalidade, algo que é destacado na BNCC, e a opção de escolha de estilos pelos estudantes.

Alguns elementos das danças destacados por professores como necessários na abordagem do conteúdo no ensino médio são: o conceito de dança, aspectos culturais, históricos, o ritmo, a expressividade, a criação e a improvisação, que podem aparecer em composições individuais ou coletivas (Diniz; Darido, 2019). Sobre esse último elemento, Marques (2003) aponta que, para que os estudantes se sintam seguros para criar, é necessário que o professor garanta espaços para que os movimentos sejam explorados.

Pelo nível de autonomia dos estudantes dessa etapa, ainda é possível desenvolver propostas em que estes assumam o papel de protagonistas quanto à execução, criação ou apreciação, como na produção de eventos ou festivais, que podem proporcionar muitos aprendizados para a formação humana (Eichberg, 2007), pois envolvem experiências sociais, emocionais e, principalmente, estéticas. Os estudantes podem participar, então, executando as coreografias ou números, mas também na organização.

Patrício e Carbinatto (2021) apontam, com base em sua experiência, que nessa organização é necessário que haja um responsável (o professor de uma das disciplinas) para mediar as questões burocráticas e pedagógicas, e que as demais funções, como secretaria, programação, divulgação, recepção, avaliação etc., sejam distribuídas entre os estudantes, que terão de trabalhar de forma colaborativa, tendo de planejar e administrar questões como diversidade de opiniões, protagonismos e dificuldades. A centralidade, nessa proposta, está nos estudantes. No entanto, o professor tem um papel muito importante e desafiador como mediador, devendo acompanhar as reuniões e as decisões, intervir de forma educativa no auxílio à resolução de problemas, dar suporte teórico, emocional e material, além de corrigir quando for necessário. Algo interessante nessa proposta pedagógica é que pode envolver os estudantes de outros níveis nas apresentações.

Por meio do conteúdo *dança*, abrem-se muitas possibilidades quando se trata dos temas transversais, que despertam a curiosidade e a atenção dos jovens, além de proporcionarem um aprimoramento na capacidade de analisar produções estéticas por eles observadas ou criadas. Inclusive, nessa etapa, é indicado que se priorize o pensamento crítico e a autonomia intelectual, o que justifica a abordagem dos temas transversais.

Pode-se utilizar, para os cursos profissionalizantes de jovens e adolescentes que estão na fase do ensino médio regular, os mesmos conteúdos e metodologias indicados para o ensino médio com relação ao conteúdo *dança*.

Com referência à Educação de Jovens e Adultos (EJA), suas mais recentes diretrizes (Brasil, 2021) preconizam um ensino mais flexível, com diferentes formas de oferta, dando liberdade para que os sistemas e redes construam suas próprias propostas com base em suas realidades e especificidades. As séries são divididas em segmentos: o 1º segmento equivale às séries iniciais do ensino fundamental; o 2º segmento, às séries finais do ensino fundamental; e o 3º segmento, ao ensino médio. Vale ressaltar que os três segmentos podem ser articulados ao ensino profissional, que o 2º e o 3º segmentos podem ser ofertados no formato de Educação a Distância (EAD) e que, nos currículos dos três segmentos, as disciplinas de Arte e de Educação Física fazem parte da área de linguagens. Assim, os conteúdos abordados nos distintos segmentos podem ser os mesmos trabalhados nos anos equivalentes do ensino fundamental – de forma que os conhecimentos sejam ampliados em extensão e profundidade em cada etapa do segmento –, adaptando-se às propostas e metodologias, conforme o nível da turma, bem como dando atenção às capacidades e interesses individuais, com foco em suas experiências de vida, conforme sugerem os estudos referentes à educação de adultos, ou *andragogia* (Knowles, 1973) – podendo ser mais próximas àquelas utilizadas no ensino médio.

Gadotti e Romão (2011), Pereira (2013), Evangelista, Menezes e Costa (2015) lembram que grande parte do público da EJA é proveniente de classes mais populares, composto por pessoas que não tiveram oportunidade de estudar pelos mais diversos motivos, sentem-se inseguras e, por vezes, incapazes de enfrentar novos desafios. Em complemento, o Parecer n. 11, de 11 de maio de 2000 (Brasil, 2000), do Conselho Nacional de Educação (CNE) e da Câmara de Educação Básica (CEB), traz que diversos estudantes da EJA têm uma autoimagem pouco positiva, ou até negativa, devido às suas experiências e à sua escolarização, o que os torna inibidos em relação a certos assuntos. O documento aponta, ainda, que componentes ligados às artes são oportunos para que se trabalhe, na etapa, a desinibição, a consciência corporal, a baixa autoestima e a socialidade. Tais aspectos também são passíveis de serem abordados nas aulas de Educação Física por meio de diversos conteúdos – e, nesse momento, ressaltamos a dança para as duas disciplinas.

Carbonell (2012) sugere que uma boa postura do professor que trabalha com a EJA é a de acolher os estudantes, valorizando e reconhecendo seus saberes, suas bagagens culturais e suas habilidades profissionais, pois isso ajuda no resgate de sua autoestima e no fortalecimento de sua autoconfiança, além de permitir maiores garantias de êxito no que se refere à aprendizagem.

Ainda citando características dessa etapa, Figuerôa (2020) destaca a heterogeneidade de gênero, de gerações e de etnia, que deve ser usada para enriquecer as aulas. Nesse sentido, Gadotti (2011) aponta que o processo de ensino e aprendizagem na EJA deve ser multicultural, de maneira a proporcionar aos estudantes experiências ricas e novas sobre a diversidade cultural, destacando a possibilidade de se trabalhar com a pluralidade cultural do nosso país como forma de valorização. Lançanova (2006) ressalta a necessidade de se promover a criatividade, evitar a repetição e reprodução mecânica dos movimentos, respeitando-se os interesses e as capacidades individuais dos estudantes.

Diniz e Darido (2021) destacam as Tecnologias da Informação e Comunicação (TICs) (vídeos, textos, *sites* etc.) como possíveis aliadas no processo de ensino e aprendizagem das práticas corporais, especialmente para aqueles professores que têm dificuldades em tratar os conteúdos atitudinais nesse contexto. Essa dica vale para todos os níveis de ensino e ganha destaque no caso da EAD, que pode ser uma opção de formato para a EJA.

5.5 Dança, inclusão e outros temas transversais

Para explicar os temas transversais, trazemos à baila Darido (2012), que os define como amplos problemas da nossa sociedade, difíceis de serem sanados pela própria sociedade e pelo governo e que, por isso, são enviados às escolas e instituições educacionais para que sejam tematizados e discutidos.

Tais temas são propostos nos PCN (Brasil, 1998), a saber: meio ambiente, pluralidade cultural, ética, saúde, orientação sexual, trabalho e consumo, entre outros que possam surgir conforme as demandas de cada contexto específico. A BNCC sugere que tais temáticas sejam abordadas de forma autônoma e atendam à realidade local.

Segundo Marques (2011), o trabalho com os temas transversais não deve se sobrepor aos conteúdos específicos da dança, mas auxiliar para que a prática e as reflexões sobre esse conteúdo sejam ampliadas, abordando seus aspectos afetivos, sociais, culturais e políticos na sociedade.

Os temas transversais devem ser trabalhados em todas as disciplinas. Rufino (2014) destaca que, antes de tudo, há que se compreender as temáticas para, então, envolvê-las com determinado conteúdo. O autor também evidencia algumas formas de se trabalhar a partir das lutas, o que podemos adaptar para a dança da seguinte forma (Rufino, 2014):

- **Direitos humanos, cidadania, trabalho e consumo**: Como a dança pode influenciar a construção da cidadania e dos direitos humanos? Essa influência pode se concretizar a partir da maneira como as mídias apresentam a dança?

- **Consumo, meios de comunicação de massa, publicidade e venda**: Como as danças são tratadas pelas mídias (comerciais, desenhos, filmes etc.)? Quais são os estilos de dança mais difundidos e por quê? Qual é o foco com relação ao público? Há produtos relacionados a essa divulgação? Quais?

- **Relações de trabalho**: Buscar compreender o trabalho do dançarino profissional – vida profissional, lesões, patrocínios (se há e se são suficientes), falta de apoio, poucas oportunidades etc.

- **Trabalho, consumo, saúde e meio ambiente**: Quais são os produtos relacionados à dança (roupas, acessórios, calçados, músicas etc.)? Quais são os ambientes em que as danças são praticadas? Qual é o padrão de corpo para as danças (e sua relação com alimentação e dietas)? É possível relacionar a dança a uma vida saudável?

Outro tema relevante para se trabalhar por meio da dança é o gênero. Marques (2003) enfatiza que é possível propor atividades que proporcionem diálogos respeitosos e críticos de forma a desmistificar estereótipos preconceituosos que existem com relação aos gêneros, principalmente por serem visíveis no ambiente escolar quando a dança é apontada culturalmente como um conteúdo de menina, além de possibilitar problematizações sobre o corpo e os padrões de beleza – aqui podemos citar a vergonha, que aparece muito nas aulas – entre outras. A autora ainda destaca o tema ética, que pode gerar diversas discussões em aula com base nos processos da dança e dos papéis sociais, na composição coreográfica, na improvisação, na apreciação etc., pois, a partir dessas experiências (realizada ou assistida), os estudantes são capazes de analisar, interpretar, formular e expressar suas opiniões de forma ética e respeitosa; e o tema da pluralidade cultural, já que a dança traz essa pluralidade em suas produções artísticas que representam conceitos e vivências de diversos lugares e épocas.

Sugerimos, a seguir, algumas matérias publicadas nas mídias que podem ser utilizadas como exemplos para a geração de reflexões e debates na abordagem do conteúdo *dança* no que se refere aos temas transversais.

Para saber mais

Confira as indicações a seguir sobre os temas destacados.

Pluralidade – sapatilhas em tons de marrom e bronze para bailarinas negras

MARTÍNEZ, H. L. A alegria da bailarina Ingrid Silva ao receber as primeiras sapatilhas da cor de sua pele. **El País**, 4 nov. 2019. Disponível em: <https://brasil.elpais.com/brasil/2019/11/04/cultura/1572860654_696874.html>. Acesso em: 28 dez. 2022.

Dança e gênero

NÃO é só futebol: dança também pode ser "coisa de menino". **Terra**, 4 fev. 2013. Disponível em: <https://www.terra.com.br/vida-e-estilo/mulher/vida-de-mae/nao-e-so-futebol-danca-tambem-pode-ser-coisa-de-menino,b4e6328d6379c310VgnVCM20000099cceb0aRCRD.html>. Acesso em: 28 dez. 2022.

Preconceito e falta de oportunidades no hip hop

RAMALHO, E. Preconceito e falta de oportunidades fazem dançarinos de hip hop trocarem Brasil pela Europa. **RFI**, 18 mar. 2019. Disponível em: <https://www.rfi.fr/br/esportes/20190315-esporte-break-dance>. Acesso em: 28 dez. 2022.

Reflexões sobre a inclusão do break dance *nos Jogos Olímpicos*

CAMARGO, R. Praticantes do Break Dance refletem sobre inclusão da modalidade nas Olimpíadas 2024. **Alma Preta**, 15 dez. 2020. Disponível em: <https://almapreta.com.br/sessao/cultura/breaking-elemento-da-cultura-hip-hop-fara-parte-dos-jogos-olimpicos-de-paris>. Acesso em: 28 dez. 2022.

Cultura funk e identidade juvenil

VELOSO, L.; SIMÕES, N. Como a cultura do funk eleva a autoestima e o bem-estar dos jovens. **Alma Preta**, 5 dez. 2019. Disponível em: <https://almapreta.com.br/sessao/cultura/como-a-cultura-do-funk-eleva-a-autoestima-e-o-bem-estar-dos-jovens>. Acesso em: 28 dez. 2022.

Dança e saúde

BRASIL. Ministério da Saúde. Dançar faz bem ao corpo, à alma e à mente. **Saúde Brasil**, Eu quero me exercitar, 31 jan. 2022. Disponível em: <https://www.gov.br/saude/pt-br/assuntos/saude-brasil/eu-quero-me-exercitar/noticias/2018/dancar-faz-bem-ao-corpo-a-alma-e-a-mente>. Acesso em: 28 dez. 2022.

Dança e deficiência

RODRIGUES. E. Bailarina brasileira com deficiência fica em 2º lugar em concurso na Europa. **Universa Uol**, 28 dez. 2021. Disponível em: <https://www.uol.com.br/universa/noticias/redacao/2021/12/28/bailarina-brasileira-com-deficiencia-fica-em-2-lugar-em-concurso-na-europa.htm>. Acesso em: 28 dez. 2022.

Viralização de "dancinhas" na internet

VERGÍLIO, I. Dança "viral" bate recordes e vira alvo de debates no TikTok. **Elle**, 25 maio 2020. Disponível em: <https://elle.com.br/cultura/danca-viral-bate-recordes-e-vira-alvo-de-debates-no-tiktok>. Acesso em: 28 dez. 2022.

PAES, A. TikTok e Instagram: por que as dancinhas e challenges na internet fazem tanto sucesso? **O Hoje.com**, 24 out. 2021. Disponível em: <https://ohoje.com/noticia/cultura/n/1350777/t/tiktok-e-instagram-por-que-as-dancinhas-e-challenges-na-internet-fazem-tanto-sucesso/>. Acesso em: 28 dez. 2022.

Finalmente, trazemos um tema de grande destaque, pois tem relação direta com sua aplicabilidade durante as aulas, que é a inclusão, principalmente com relação às pessoas deficientes. Muitos professores não sabem ou não conseguem lidar com seus conteúdos quando se deparam com estudantes com algum tipo de deficiência, muito por falta de formação específica para lidar com esse contexto durante a graduação.

Rangel (2002) lista alguns benefícios da prática da dança para pessoas com deficiência, a saber: liberação dos movimentos, que podem estar contraídos devido aos desgastes emocionais; redução de ansiedade, depressão, comportamento agressivo e melhora de autoestima e autoconfiança; estimulação das funções cognitivas, motoras e sociais; enfrentamento dos problemas de forma descontraída – relação com emoções, ideias e pensamentos; socialização e inclusão. Além disso, por meio da dança, é possível trabalhar o organismo de forma harmoniosa, destacando para pessoas com deficiência: o respeito às emoções e ao estado fisiológico; autoconhecimento; combate ao estresse; reforço muscular e proteção das articulações; auxílio no desempenho cognitivo, da memória, da concentração e da atenção; promoção do contato social; melhora na autoestima e na autoimagem (Marbá; Silva; Guimarães, 2016). Corroborando com as ideias anteriores, Claro (2012) explica que a dança proporciona a inclusão social de pessoas com deficiência e pode ser entendida como um recurso artístico-terapêutico que beneficia o bem-estar físico e mental nesse contexto.

Para as aulas de dança no ambiente escolar, podemos nos apropriar de alguns conhecimentos e metodologias da dança-terapia, definida por Payne (1992) como a utilização da dança como ferramenta para integração e crescimento pessoal do indivíduo, que tem como uma das suas maiores áreas de intervenção crianças, jovens e adultos com diferentes deficiências, distúrbios comportamentais, dificuldades de aprendizagem e autismo.

Claro (2012) relata que os dançaterapeutas utilizam bastante a verbalização, o toque físico, os elogios, focam seu trabalho no desenvolvimento da imagem corporal, têm o divertimento como algo essencial para a sessão, prezam por uma relação positiva com os pacientes/alunos, trabalham com divisões de pequenos grupos e utilizam uma abordagem estruturada, desafiadora e incentivadora.

Figura 5.1 Aula de dança para crianças cadeirantes

Zoja Hussainova/Shutterstock

Citando um programa que trabalha com o movimento expressivo para pessoas com deficiência mental, Claro (2012) explica que seus elementos fundamentais são a exploração: do corpo, quais movimentos realizar com o corpo; do espaço, onde o corpo pode se movimentar; da energia, formas, qualidades, tempos e dinâmicas passíveis de serem assumidas pelo corpo; e da relação, como o corpo e seus membros se relacionam consigo, com outras pessoas e com objetos. As experiências de aprendizagem do programa estão centradas no fazer (movimentos corporais diversos no tempo e no espaço), no criar (composições com base na imaginação e no simbolismo do gesto motor) e no analisar (apreciação do processo e do produto).

Nas observações realizadas para seus estudos, Claro (2012) descreve algumas atividades desenvolvidas em aulas de dança para pessoas com deficiência: massagem com bolas, atividades com balões (não os deixar cair), jogo do espelho, movimentos livres com e sem fundo musical, com e sem vendas, individualmente, em duplas ou pequenos grupos, percussão corporal com música, jogos rítmicos de imitação, incentivo à expressividade corporal, exercícios de improvisação, promoção de situações de protagonismo, jogos com materiais diversos (arcos, bolas, cordas etc.), exercícios de chão (com colchão ou tatame), estimulação sensorial com objetos em contato com o corpo do estudante, exercícios de relaxamento com música, entre outras. Devemos destacar que tais atividades podem ser desenvolvidas com toda a turma, sem a necessidade de segregação.

Brito (2021), como professora do ensino básico e dançarina, também nos traz algumas experiências com atividades relacionadas às aulas de dança para turmas regulares de forma inclusiva. A autora conta que, em suas aulas, sentiu a necessidade de realizar um trabalho inicial em sala com relação à valorização da identificação de cada corpo, mostrando que é possível dançar com ou sem deficiência, respeitando a individualidade de cada um. Ela destaca que precisou pesquisar para elaborar propostas integradoras. Além disso, conversou com as famílias, pois, muitas vezes, estas não incentivam seus filhos a participarem das atividades devido ao medo de que se machuquem, muitas vezes por não conhecerem ou não entenderem as potencialidades de seus filhos.

Alguns dos conteúdos trabalhados em suas aulas foram: integração, socialização e criação em grupo; consciência corporal – corpo (partes e todo), pontos de apoio, eixo corporal, equilíbrio e desequilíbrio, coordenação motora, respiração, postura, alongamento, relaxamento; elementos da dança – espaço (físico, direções, níveis, grupal e pessoal), tempo (pulso e percepção de variações rítmicas), formas (textura, corpo e materiais), movimentos (qualidade, criação e construção) e processos criativos; uso de desenhos, pinturas, textos e vídeos relativos à dança (Brito, 2021).

Por fim, destacamos que os professores devem estar preparados para lidar com situações inusitadas e com distintas necessidades especiais de aprendizagem, demandas e ritmos de cada aluno, lembrando que não devem ser "bonzinhos" e ensinar somente "coisas fáceis" àqueles que têm alguma deficiência ou dificuldade, e sim estimular que esses alunos se superem. Além disso, lembramos que a educação inclusiva faz referência a todas as pessoas que participam de uma aula ou atividade, e não apenas àqueles com deficiência. Para cada turma, é necessário pensar, planejar e adaptar materiais e espaços, propostas pedagógicas e estratégias metodológicas para que todos os envolvidos sejam beneficiados e respeitados em seus processos de aprendizagem.

ⅠⅠⅠ *Síntese*

Neste capítulo, vimos algumas possibilidades de abordagem do conteúdo *dança* para o ensino básico para além das aulas extracurriculares. Tratamos das principais características dos estudantes e de cada etapa, além de temas como as apresentações em datas festivas e opções de como utilizar esses momentos. Destacamos que dançar vai muito além de reproduzir passos e memorizar coreografias e que não é uma atividade exclusiva para meninas. Também tratamos da necessidade de possibilitar aos estudantes vivências variadas de situações educativas, de forma lúdica, prazerosa, desafiadora, criativa, espontânea, expressiva, interdisciplinar, inclusiva e plural por meio de um planejamento e com objetivos pedagógicos definidos.

Enfim, como salientado no início do capítulo, não trouxemos aqui receitas prontas de como preparar ou ministrar as aulas, mas sugestões de ingredientes que, quando bem selecionados e combinados, podem resultar em ótimas receitas que irão proporcionar aos estudantes possibilidades de prática e apreciação estética dessa manifestação, de forma autônoma, sensível e crítica, o que pode contribuir (e muito!) para a formação humana destes.

Indicação cultural

BALÉ Folclórico da Bahia. Disponível em: <http://www.balefolcloricoda bahia.com.br/site/pt/historia-pt/>. Acesso em: 3 mar. 2023.

BALÉ Folclórico da Bahia. **YouTube**. Disponível em: <https://www.you tube.com/c/Bal%C3%A9Folcl%C3%B3ricodaBahia/featured>. Acesso em: 3 mar. 2023.

O Balé Folclórico da Bahia, criado em 1988, é um grupo premiado nacional e internacionalmente, que pesquisa as manifestações populares da Bahia para a criação de seus espetáculos, que envolvem a dança, a música, entre outros aspectos. Alguns elementos utilizados em seus espetáculos são: samba *reggae*, capoeira, maculelê, samba de roda, puxada de rede, maracatu, xaxado etc.

Atividades de autoavaliação

1. Assinale a alternativa que apresenta propostas mais indicadas para a abordagem do conteúdo *dança* na educação infantil:
   a) Ensaios para competições.
   b) Aulas específicas de técnicas de balé clássico.
   c) Reproduções de danças disseminadas nas redes sociais.
   d) Ensaios para festivais de danças folclóricas.
   e) Jogos e brincadeiras.

2. Assinale a alternativa que aponta corretamente as danças indicadas na BNCC para as aulas de educação física na etapa do 3º ao 5º ano:

a) Danças do Brasil e do mundo; danças de matrizes africana e indígena.

b) Danças comunitárias e regionais.

c) Danças urbanas e do mundo.

d) Danças de salão e urbanas.

e) Danças regionais e do mundo.

3. Assinale a alternativa que indica o estágio de desenvolvimento das habilidades motoras que se inicia entre 11 e 13 anos:

a) Estágio de transição.

b) Estágio elementar.

c) Estágio de aplicação.

d) Estágio maduro.

e) Estágio de utilização permanente.

4. Assinale a alternativa que contenha o termo referente ao ensino de pessoas adultas, que tem o foco em suas experiências de vida:

a) Construtivismo.

b) Pedagogia.

c) Metodologia.

d) Andragogia.

e) Didática.

5. Assinale a alternativa que apresenta um possível debate que tenha relação com o tema transversal gênero:

a) Lesões comuns na dança.

b) Dança não é uma atividade masculina.

c) Possibilidades de patrocínio para a dança de rua.

d) Vida profissional na dança.

e) Sapatilhas para dançarinos(as) negros(as).

■ *Atividades de aprendizagem*

Questões para reflexão

1. Pesquise algumas coreografias com muitas visualizações nas redes sociais ou, em outras palavras, coreografias que "viralizaram" nas redes. Reflita sobre a influência midiática para que tenha ocorrido essa "viralização".

2. Pesquise sobre jogos e brincadeiras tradicionais de mãos ou palmas. Você conhece alguma? Lembra-se de aprender alguma delas na escola, durante as aulas? Reflita sobre a possibilidade de abordar jogos ou brincadeiras como essas durante as aulas e o que se trabalha por meio delas.

Atividade aplicada: prática

1. Elabore uma pequena *playlist* com as músicas das coreografias pesquisadas, como se fosse para utilizá-la em uma aula. Decida para qual etapa de ensino seria a aula, analise as letras das músicas no que se refere às palavras de baixo calão (sentido pejorativo, palavrões ou gírias) e faça anotações sobre as discussões que poderiam ser levantadas em aula com base nessas letras após a realização das coreografias.

Capítulo 6

Processos de criação e a tecnologia na dança

Evelyne Correia

Neste capítulo, apresentaremos conceitos e possibilidades criativas referentes à elaboração de coreografias por meio da sugestão de um projeto coreográfico, informações relevantes para a escolha e a produção de figurinos e cenários, além de um *checklist* como proposta de organização de um espetáculo de dança.

Em seguida, trataremos de alguns conceitos e aspectos históricos da dança no cinema, bem como da relação e da interatividade da dança com as tecnologias e redes sociais.

6.1 Composição coreográfica

> *Os movimentos isolados, fragmentados, não podem "escrever" o texto corporal; é o mesmo processo que ocorre com as letras do alfabeto que, sozinhas, não dão nome a nada, precisando se unir umas às outras [...].* (Ferreira, 2009, p. 60)

Ferreira (2009) define **coreografia** como a soma de movimentos, combinações e sequências entrelaçados em um determinado tema, a escrita e a comunicação do movimento corporal. Podemos complementar essa definição com as afirmações de Vargas (2015), que define a criação da coreografia pelo corpo e para o corpo, seguindo determinado ritmo e forma espacial, em que a coreografia é produzida para promover efeito visual, emocional e narrativo, e de Garcia e Hass (2006, p. 158), segundo as quais "compreende-se por coreografia uma estrutura lógica de organização de movimentos em nível espacial capaz de expressar, a partir de uma estrutura música, mensagens concretas e abstratas de acordo com o ideário do coreógrafo".

Devemos ter em mente que, apesar de a coreografia, a princípio, ser um produto final, sua criação precisa levar em consideração todas as experiências corporais vividas pelos alunos durante as aulas de dança, e não a mera reprodução mecânica de movimentos demonstrados pelo professor, com objetivo apenas de cumprir protocolos nas atividades festivas da escola, como dia das mães, festas juninas e festa de encerramento do ano letivo. Por esse motivo, iremos propor adiante a elaboração de um projeto coreográfico.

Antes de entrarmos mais a fundo na obra de criação, a coreografia, vamos tratar um pouco do criador, ou seja, do coreógrafo. O termo *coreógrafo* tem origem grega e significa "escritor gráfico". Ao longo da história, já refletiu sentidos de supervisor de dança ou arranjador, que eram utilizados para designar pessoas que criavam danças. Nos dias atuais, o papel do coreógrafo pode ocorrer de forma colaborativa com os bailarinos, até mesmo em companhias profissionais de dança.

O processo de construção coreográfica ocorre de maneiras diversas e é influenciado pelas experiências e trajetórias do coreógrafo, bem como pela sua preocupação com os aspectos socioculturais, princípios éticos e formação técnica (Lubisco, 2003, citada por Gagliardi, 2014). Da mesma forma ocorrerá com o professor/coreógrafo que atua com a dança no ambiente escolar: apesar de receber, por vezes, temas predefinidos para a elaboração de coreografias, a construção do processo coreográfico, bem como os meios de inspiração para a criação dos movimentos, sofrerão influências das experiências corporais e sociais do professor.

A criação coreográfica pode ser baseada em ações diversas, como um tema, uma música, um gesto, uma mensagem a ser transmitida, uma pergunta a ser respondida ou, ainda, apenas para apreciação estética (Dias et al., 2010). Na escola, geralmente o processo coreográfico é baseado em um tema, para que, então, o professor siga adiante com as próximas etapas do processo, as quais são recomendadas que ocorram durante as aulas.

Um ponto importante do processo coreográfico é a criatividade, que é inerente ao ser humano e provém das experiências vividas. Por meio da dança, os alunos devem ser estimulados a descobrir possibilidades de movimentos por meio das experimentações e da imaginação, promovendo associações entre ideias, pensamentos, objetos e situações (Vargas, 2015).

Os processos coreográficos podem ocorrer de várias formas, partindo de uma ideia ou um tema predefinido, ou, ao contrário, partindo da movimentação livre e improvisada para, depois, dar forma a uma ideia ou narrativa. O tempo e a duração de um processo coreográfico são variáveis e dependem da metodologia, das estratégias do professor/coreógrafo, do nível de desenvolvimento dos alunos/bailarinos e dos objetivos da coreografia (Garcia; Haas, 2006).

Com base na experiência da autora, com mais de 15 anos atuando na área da dança como professora e coreógrafa, neste capítulo, proporemos uma ideia de projeto coreográfico, lembrando que essa não é a única forma de elaborar uma coreografia. Nosso projeto coreográfico será composto por seis etapas: 1) pesquisa acerca do tema; 2) levantamento de dados da turma e/ou bailarinos e demais equipes envolvidas com o processo; 3) cronograma; 4) estudo musical e coreográfico; 5) ensaios e experimentações; e 6) apresentação da coreografia.

A primeira etapa do processo é a pesquisa da temática. Suponhamos que o professor recebeu um tema pré-determinado para a elaboração da coreografia. É aconselhável registrar as informações sobre o tema em questão. Elencamos na sequência alguns exemplos de tópicos de pesquisa em forma de perguntas a serem respondidas. Dependendo da faixa etária da turma, essa pesquisa pode ser realizada de forma colaborativa com os alunos.

Quadro 6.1 Tópicos de pesquisa para a primeira etapa do processo coreográfico

Aspectos históricos e sociais	É possível relacionar o tema a algum período temporal? O tema está relacionado a acontecimentos importantes?
Aspectos geográficos	O tema está relacionado a alguma região específica do país ou do mundo? Qual o clima da região? Quais são os aspectos culturais mais relevantes da região (culinária, vestimentas, artes plásticas, danças e músicas)?

(continua)

(Quadro 6.1 – conclusão)

Aspectos emocionais	O tema remete a estados emocionais, como alegria, tristeza, raiva etc.? Quais as cores relacionadas com o estado emocional identificado no tema?
Aspectos técnicos	O tema exige algum conhecimento técnico de uma modalidade ou um estilo de dança específico? Quanto tempo médio os alunos/bailarinos levam/podem levar para adquirir a técnica? Há tempo hábil para trabalhar a técnica básica nas aulas e nos ensaios?

Na segunda etapa, referente ao levantamento de dados da turma e/ou dos bailarinos e demais equipes envolvidas com o processo, o professor/coreógrafo identifica as informações básicas sobre os alunos/bailarinos, como idade, gênero e experiência anterior em dança, além de elencar se haverá outros profissionais envolvidos no processo coreográfico, como iluminadores, ensaiadores, cenógrafos, costureiros e figurinistas. Com base nessa etapa, é possível ter uma dimensão do que será possível criar – por exemplo, a apresentação de uma coreografia com ou sem iluminação cênica ou sem a utilização de um figurino específico são aspectos relevantes para a concepção de uma coreografia. O mapeamento do local da apresentação também é um fator importante: identificar o tipo de piso, a acústica e a disposição da plateia são alguns dos pontos que devem ser analisados.

Com as informações obtidas na primeira e na segunda etapa, partimos para a terceira, o cronograma, que deve abranger desde o início das aulas e dos ensaios até a data da apresentação. É imprescindível considerar as faltas dos alunos às aulas e aos ensaios, bem como demais imprevistos que possam ocorrer. Também é recomendado incluir no cronograma a confecção de figurinos e cenários e a edição musical, caso seja necessária, além do ensaio geral, no qual os alunos se ambientam com o local da apresentação.

O estudo musical e coreográfico é a quarta etapa do processo e inicia com a escolha musical, na qual se deve levar em consideração as informações obtidas por meio da pesquisa sobre o tema e as características da turma. É possível realizar edições e utilizar mais de uma música, desde que o professor/coreógrafo ou um integrante da equipe tenha a habilidade para a edição. No caso da escolha por uma edição musical, é viável explorar movimentações especiais durante as transições das músicas.

Com a música definida, o professor precisa estudá-la, verificar a contagem musical e identificar as partes marcantes da música. Inicia-se, então, o "rascunho" da coreografia com as possibilidades de movimentações e as organizações espaciais, também chamadas de *pautas*, que correspondem à posição em que os bailarinos realizarão a coreografia, que podem ser em linhas, colunas, círculos, semicírculos etc. É interessante alternar a pauta durante a coreografia, pois essas transições espaciais enriquecem a estética desta e possibilitam que todos os alunos/bailarinos sejam bem visualizados pela plateia.

Para Minton (2020), alguns elementos artísticos podem ser utilizados como ferramentas para enriquecer a composição de uma obra coreográfica:

- desenvolver sequências de movimentos ou frases de movimentos conectados;
- fornecer transições (pontes entre frases e seções);
- compreender o uso do espaço de palco onde a dança é executada;
- trabalhar com as relações entre os alunos/dançarinos;
- usar variação de movimento, ou alterações, e manipulação, de modo que os movimentos sejam modificados para parecerem diferentes.

A quinta etapa consiste nos ensaios e nas experimentações, nos quais o professor explorará as movimentações trabalhadas durante as aulas. Caso a turma ainda não tenha realizado aulas de dança, não é recomendado iniciar diretamente pelos passos da coreografia. É importante, antes, realizar exercícios diagnósticos para conhecer a turma e fazer experimentações corporais, temporais e espaciais, para, então, partir para a criação da coreografia propriamente dita. Vale lembrar que o objetivo não é uma simples cópia de movimentos estabelecidos pelo professor, mas a incorporação e a assimilação das sequências coreográficas. Além disso, a criação não necessita de uma ordem fixa, podendo começar pelo fim e o início ser a última parte a ser montada.

A improvisação é uma das opções para a composição colaborativa. Nela, os movimentos geralmente são descobertos por meio da exploração corporal. Em algumas situações, os alunos/dançarinos improvisam utilizando sugestões feitas pelo professor/coreógrafo, como uma imagem, um tema, uma música ou uma ideia, que, por sua vez, organiza as frases de movimento que serão incluídas na dança (Minton, 2020).

A dança, como arte performática, precisa ser interpretada pelos alunos/bailarinos e transmitir à plateia emoções e sentimentos. Essa, inclusive, é uma das características que se sobressai à técnica de execução dos movimentos. Portanto, durante os ensaios, devem ser inseridas dinâmicas de comunicação e expressão relacionadas às mensagens que o professor/coreógrafo pretende veicular por meio da coreografia. Para Castro (2007), a técnica é um meio facilitador na realização dos movimentos na dança, tornando-os mais harmoniosos e belos. No entanto, ela não deve ser considerada como a dança em si.

A sexta e última etapa é a apresentação da coreografia. Alguns pontos precisam ser checados antes da apresentação para que esse momento seja tranquilo e prazeroso. São eles: teste técnico da trilha sonora, iluminação, piso e cenário, conferência de figurinos e acessórios dos bailarinos e, se for possível, um último ensaio no local da apresentação. Caso o professor precise ficar em um local visível para os alunos durante a coreografia, deve usar roupas pretas ou escuras e permanecer em um local discreto. Situações inesperadas podem ocorrer, como um problema técnico na música ou na iluminação. Muitas vezes, pequenos imprevistos não interferem na magia da apresentação de uma obra coreográfica, mas, caso seja necessário, em especial quando lidamos com crianças, adolescentes e idosos, recomenda-se reiniciar a apresentação. Nesse momento, o bom senso do professor deve prevalecer.

Figura 6.1 Fluxograma do processo coreográfico

6.2 Organização de espetáculos de dança

Podemos definir *evento* como uma concentração ou um agrupamento de pessoas com o objetivo de celebrar acontecimentos importantes e significativos. Os eventos estão vinculados com sensações e emoções e induzem o ser humano a reflexões (Martins, 2018).

Espetáculos de dança são considerados eventos artísticos e culturais, nos quais também se enquadram eventos das áreas de artes visuais, música, teatro, circo e literatura. Além dos espetáculos, esses eventos podem ocorrer em forma de festivais, feiras, apresentações, saraus, exposições, mostras, oficinas e lançamentos de produtos culturais. Realizar eventos artísticos requer planejamento – a palavra-chave para se organizar um evento, tanto de grande quanto de pequeno porte (Matias, 2011). Tratando-se de um espetáculo de dança, é necessário considerar todos os aspectos da produção, desde a participação dos alunos até o encerramento do evento.

Leite e Lima (2013, p. 108) reforçam que a produção de um espetáculo "consiste na definição de um tema, uma trilha sonora, criação de cenários, seleção de um elenco, criação de figurinos, locação de um teatro, obtenção de patrocínios e montagem de uma equipe que dê suporte a todos os pontos críticos de uma produção".

Para Martins (2018), os eventos podem se configurar como: microeventos (para até 50 pessoas), pequenos eventos (de 50 a 150 pessoas), médio porte (de 150 a 700 pessoas), grandes eventos (de 700 a 5000 pessoas) e megaeventos (para mais de 5000 pessoas). Identificar o porte do espetáculo de dança é um dos primeiros passos da organização. Em ambientes escolares e até mesmo em escolas de dança, geralmente os eventos são, no máximo, de grande porte, quando realizados em teatros.

É preciso definir o produto do evento esperado, os objetivos e as metas, bem como quais os instrumentos necessários para atingi-los. Vamos exemplificar: o produto do espetáculo de dança pode ser um evento comercial no qual haverá divulgação de marcas, um espetáculo profissional de dança, a apresentação em uma feira livre, um festival aberto ao público em geral ou um espetáculo de dança escolar, que será nosso foco neste capítulo. O produto do espetáculo está relacionado diretamente ao público-alvo do evento (Matias, 2011).

Figura 6.2 Crianças se apresentando em um espetáculo de dança escolar

Malikova Nina/Shutterstock

6.2.1 Checklist

De forma simplificada, apresentaremos em formato de *checklist* os itens a serem considerados na organização de um espetáculo de dança escolar.

- Identificação do público-alvo

O objetivo geral do espetáculo dependerá do público-alvo do evento. Em eventos internos, apenas os estudantes e professores participam das apresentações e da plateia; em eventos familiares, como o dia das mães e o encerramento do ano letivo, pais, irmãos e avós geralmente participam na plateia; e em eventos abertos para a comunidade, como festas juninas, além dos familiares, a plateia será composta pela população da região escolar.

- Estudo financeiro

O estudo financeiro de um espetáculo de dança é de extrema importância e deve considerar: patrocínios, parcerias, receita com venda de ingressos antecipados e bilheteria, doações, trocas e concessões. Assim, todas as necessidades do evento devem ser previstas, como confecção de cenários e figurinos, locação do espaço ou de equipamentos de som, luz, cadeiras, quando o espetáculo acontece na própria escola, pagamento da equipe etc.

Equipe de apoio

A equipe de apoio consiste em todos os membros relacionados com o evento. Seus papéis devem ser bem definidos e cada membro deve ter as habilidades compatíveis com sua função. A uniformização da equipe – ou *staff*, no termo inglês – é importante para uma fácil visualização do público participante e dos demais membros da equipe (Martins, 2018).

Exemplos de funções necessárias para membros da equipe de apoio em um espetáculo de dança: professores e coreógrafos, mestre de cerimônia (ou apresentador), técnicos de luz e som, primeiros socorros, auxiliares de palco ou quadra (contato direto com a cabine ou local de som e luz e auxílio com cenários e demais adereços), auxiliares de camarim (para trocas de roupas e acessórios e cuidado com as crianças nos bastidores), equipe de *marketing* e divulgação e equipe de bilheteria – mesmo que o acesso ao evento seja gratuito, é importante uma equipe para controlar e organizar a entrada e a saída do público.

Após a definição do tamanho da equipe e estabelecidas as funções, é possível mensurar as ações a serem realizadas no espetáculo e as adequações necessárias – por exemplo, um evento que inicialmente seria aberto à comunidade, mas que, após o levantamento da equipe de apoio, percebe-se que esta não está adequada, pode ser modificado para um espetáculo interno ou familiar.

Cronograma

No cronograma devem constar todas as ações do espetáculo, desde o início dos ensaios até a finalização das apresentações. Alguns exemplos de atividades: reuniões com os membros da organização, divulgação do evento, ensaios, confecção de figurinos e cenários, data e horários da montagem dos equipamentos de som, luz e cenários, venda de ingressos, ações pós-espetáculo, como a retirada de equipamentos, a organização e a higienização do local.

▦ Divulgação do espetáculo

A principal função da divulgação é convidar o público a comparecer ao evento. No entanto, também é um fator motivacional para os alunos/bailarinos, inclusive em espetáculos internos. Essa etapa pode ser realizada de forma colaborativa e interdisciplinar com as disciplinas de Arte, Informática e Língua Portuguesa, por exemplo. A arte gráfica para divulgação pode ser elaborada por meio de aplicativos gratuitos disponibilizados na internet. Além de materiais impressos, como cartazes e panfletos, há a possibilidade de se explorar os materiais digitais e as redes sociais para a divulgação, principalmente em casos em que o orçamento do evento é reduzido.

▦ Acompanhamento dos ensaios e montagem coreográfica

Recomenda-se que a equipe organizadora, que, por vezes, não é composta pelos professores/coreógrafos, acompanhe o andamento dos ensaios das coreografias. Da mesma forma, os professores/coreógrafos precisam ser informados sobre os aspectos da organização que podem influenciar a composição coreográfica, como aspectos relevantes sobre o local da apresentação, equipamentos de som e luz que estarão disponíveis e orçamento para cenários e figurinos.

▦ Processo de confecção de cenários e figurinos

Desde a fase de concepção de ideias até a finalização de figurinos e cenários, o processo deve ocorrer em conjunto com os organizadores e professores/coreógrafos, pois o orçamento disponível e o cronograma devem estar alinhados com o processo coreográfico.

Ensaio geral

O ensaio geral pode acontecer antes ou no dia do espetáculo. No caso de locação de um teatro ou de equipamentos de som e iluminação, é provável que a estrutura esteja pronta apenas no dia anterior ou no próprio dia do evento. As duas principais funções do ensaio geral são: 1) ambientar os alunos/bailarinos com o local da apresentação, pois, mesmo que o evento seja realizado na escola, as estruturas técnicas e os cenários podem alterar a percepção espacial do local; 2) realizar testes técnicos de som, iluminação, cenário e figurinos. É interessante que as coreografias sejam ensaiadas em ordem predefinida para o espetáculo, pois, dessa forma, os alunos/bailarinos podem identificar em qual momento do espetáculo estarão em cena.

Identificações do local do evento

No dia do evento, todos os locais precisam estar sinalizados com materiais impressos, tanto para o público quanto para os integrantes da equipe do espetáculo. Para o público, devem estar claros os locais de entrada e saída e os locais em que poderá permanecer durante as apresentações. Para a equipe, as sinalizações precisam identificar a sequência das apresentações e os locais de acesso exclusivo da equipe durante o evento, como camarins, local próprio para alimentação e enfermaria.

Feedback pós-espetáculo

É recomendado que seja realizado o registro de todas as ocorrências do dia do espetáculo para auxiliar na organização dos próximos eventos similares.

Resumo do *checklist* para organização de um espetáculo de dança:

- Identificação do público-alvo.
- Estudo financeiro.
- Equipe de apoio.
- Cronograma.
- Divulgação do espetáculo.
- Acompanhamento dos ensaios e da montagem coreográfica.
- Processo de confecção de cenários e figurinos.
- Ensaio geral.
- Identificações do local do evento.
- *Feedback* pós-espetáculo.

6.3 Produção de figurinos e cenários para espetáculos

O figurino é composto por todas as roupas e acessórios que fazem parte de uma vestimenta, tais como: sapatos, sapatilhas, perucas, meias, maquiagem, próteses, chapéus, tiaras, dentre tantos outros elementos que podem ser somados aos figurinos dos personagens e bailarinos, a fim de caracterizá-los (Viana; Bassi, 2014). O figurino ajuda a definir o local onde se passa a narrativa, o tempo histórico e a atmosfera pretendida, além de reforçar as características dos personagens. Montanheiro (2021, p. 5) afirma que:

> O corpo do bailarino é matéria viva expressiva para o figurino, imprimindo a ele novos elementos e significados, anteriormente não percebidos na ausência desse corpo. O figurino é acionado a partir das formas do corpo que o preenchem e por meio dos movimentos expressivos que o corpo executa durante a dança, assim como na relação com os demais elementos participantes da cena.

Uma das primeiras regras do figurino da dança é garantir que o vestuário complemente a coreografia, sem se desvirtuar dela. O figurino deve aprimorar o movimento e, por vezes, *designs* simples são mais efetivos; a intenção será frustrada se os figurinos tiverem maior destaque do que a dança propriamente dita (Minton, 2020).

Esse item do espetáculo deve ser desenvolvido a partir das mesmas inspirações da criação da coreografia e, portanto, em conjunto com o professor/coreógrafo, também para que este possa analisar a maleabilidade dos tecidos utilizados, em comparação com o estilo de dança e a mobilidade exigida pelos movimentos realizados nesta. A escolha errada dos materiais poderá prejudicar imensamente o movimento dos bailarinos e a sonoridade do espetáculo, que poderá ser prejudicada pelos chiados de certos tecidos e outros materiais (Montanheiro, 2021).

Observe nas figuras a seguir alguns figurinos utilizados em diferentes estilos de dança. Na Figura 6.3, as bailarinas clássicas vestem sapatilhas, meia-calça e um vestido com saia confeccionada em tule e arames, denominada *tutu*. Na Figura 6.4, o dançarino está com roupas de danças urbanas, estilo de dança em que se utiliza calçados firmes, como tênis e botas, e roupas confortáveis. Nessa modalidade, os bailarinos podem explorar suas expressões pessoais. Na Figura 6.5, observamos as alunas/bailarinas com roupas leves e flexíveis e sem sapatilhas, característica marcante nas danças modernas e contemporâneas.

Figura 6.3 **Figurinos de balé clássico**

Figura 6.4 **Figurinos de danças urbanas**

Figura 6.5 Figurinos de danças moderna e contemporânea

Minton (2020) sugere considerar três aspectos na escolha e na confecção dos figurinos: cores; fluidez, peso dos materiais e estilo; e decoração. As cores do figurino estabelecem as sensações da coreografia. O autor aponta vermelho, amarelo, marrom, laranja, rosa-choque e rosa como cores quentes, e verde, azul, cinza, roxo, lavanda e preto como cores frias. Materiais rígidos ficarão separados do corpo, ocultando e inibindo os movimentos dos alunos/bailarinos. Isso não é um problema se for a opção do professor/coreógrafo, enquanto materiais mais flexíveis e suaves irão acompanhar as movimentações. O peso dos tecidos também é um fator a ser considerado, pois tecidos muito pesados podem prejudicar os movimentos, enquanto tecidos muito leves podem não contribuir para o efeito da dança. O estilo e a decoração precisam fazer referência à narrativa da coreografia. Nesse item são considerados calça, vestido, macacão, trajes de época e decoração – brilhos, botões, enfeites, cintos etc.

Nos espetáculos de dança no espaço escolar, por vezes, não há orçamento para a confecção de figurinos e o professor/coreógrafo precisa usar a criatividade para improvisar. Uma boa opção é solicitar aos pais que providenciem figurinos simples, como padronizar a cor de uma camiseta, calça e demais peças, e confeccionar acessórios com materiais disponíveis na escola – fitas, arcos, pompons, laços, aventais de TNT (material semelhante ao tecido) e máscaras de EVA (material emborrachado e flexível). Na Figura 6.6 podemos visualizar crianças com cores de camisetas padronizadas para uma coreografia.

Figura 6.6 Crianças realizando uma coreografia com cores de camisetas padronizadas

True Touch Lifestyle/Shutterstock

Além dos figurinos, os cenários também têm o objetivo de representar o local onde ocorre a história e criar ambientes para sugerir estados emocionais e psicológicos dos personagens. Definido como o conjunto de elementos, reais ou virtuais, organizados no espaço cênico, palco, quadra, praça etc., os cenários utilizados para apresentações de dança geralmente são constituídos de material maleável, leve e plano, podendo ser preso a um batente e flutuar (abaixados ou erguidos), e instalados no fundo e nas laterais do palco, com objetivo de emoldurar o espaço cênico (Minton, 2020). Os cenários virtuais são projetados em um pano de fundo branco e elaborado em conjunto com a equipe técnica de iluminação.

Quando o espetáculo ocorre em ambientes abertos, como praças, ou ambientes fechados, sem estrutura para cenários suspensos, como auditórios e quadras, o cenário pode ser locado em conjunto com a estrutura de iluminação ou elaborado em formato de *banners*, faixas, arcos de balões e móveis decorativos.

Os elementos de cena são os objetos manipulados pelos alunos/bailarinos durante a peça ou espetáculo de dança e podem compor as movimentações das coreografias, criando ambientes e sensações diferentes durante a dança. Esses objetos também devem ser leves e de fácil manipulação. Na Figura 6.7 podemos identificar as cadeiras e a projeção de um cenário virtual ao fundo como elementos cênicos.

Figura 6.7 Apresentação de dança com cenário virtual e cadeiras

A iluminação é fundamental para a estética na dança, pois complementa a composição dos figurinos e dos cenários do espetáculo, além de aprimorar a composição ou série de imagens criada na coreografia (Minton, 2020). Algumas coreografias podem ser elaboradas totalmente com base na iluminação, de forma que o resultado da *performance* só pode ser compreendido com o uso da iluminação correta, como utilização da luz negra ou luz ultravioleta, que torna as roupas ou partes das roupas tratadas com tinta ultravioleta brilhantes. Por outro lado, a iluminação realizada de forma incorreta prejudica o espetáculo e interfere negativamente nos efeitos dos figurinos e dos cenários. Na Figura 6.8, observamos a utilização do figurino em conjunto com a iluminação cênica para criar efeitos especiais.

Figura 6.8 Figurino elaborado para criar um efeito especial em conjunto com a iluminação

vladee/Shutterstock

A iluminação cênica pode ser usada para tornar algumas áreas do palco visíveis ou invisíveis para a plateia, estabelecer tempo e lugar, criar um clima, reforçar ou minimizar o estilo de movimento, propiciar foco para a plateia e organizar uma composição de áreas relacionadas no palco.

O mapa de iluminação é o documento adequado para organizar a iluminação do espetáculo e deve ser construído em conjunto com o coreógrafo e o técnico de iluminação para representação em escala, a partir de uma vista aérea do espaço cênico. Tal mapa deve demonstrar todas as estruturas utilizadas durante a apresentação. É imprescindível que a equipe que irá realizar a iluminação no momento da apresentação tenha familiaridade com as movimentações das coreografias ou que um integrante da equipe de professores esteja com a equipe de iluminação para solicitar os efeitos desejados.

6.4 A dança no cinema

Como vimos no Capítulo 1 deste livro, a dança é uma das mais antigas manifestações humanas. Povos antigos a utilizavam em rituais, comemorações e confraternizações. Assim, podemos afirmar que a história da dança está diretamente ligada à história e à evolução da humanidade. Para Bastos (2013), também é possível acompanhar grande parte da história da humanidade por meio da história e da evolução das tecnologias e dos meios de comunicação. Partindo desses pressupostos, podemos dizer que a história da dança, da tecnologia e da humanidade estão intimamente entrelaçadas.

A primeira exposição pública de um filme aconteceu no Grand Café de Paris, em 28 de dezembro de 1895, com pequenos filmes de aproximadamente 4 minutos. No Brasil, a primeira exibição pública de um filme ocorreu em 1896, no Rio de Janeiro, na qual foram exibidos pequenos filmes estrangeiros (Reina, 2019).

O cinema vai além de um conjunto de imagens em movimento. Ele é organizado e sistematizado para levar seus espectadores ao raciocínio e, assim como outras obras de arte, despertar sentimentos, sensações e reflexões acerca do tema abordado na obra. Em algumas obras cinematográficas, a presença de diferentes linguagens artísticas nos filmes, como a música, o teatro, a fotografia e, por vezes, a dança, despertam a atenção do público e dos profissionais do cinema (Reina, 2019). Sobre a dança no cinema, Bastos (2013, p. 31) enfatiza:

> O cinema leva para a tela, o movimento, de uma forma diferente da que se vê comumente, modificando o movimento dançado real em movimento capturado, transformando-o em imagens, o que contribui para a construção dessa relação entre dança e as imagens em movimento do cinema. Dança e cinema, desde o início, formam uma parceria que se torna indissociável, uma vez que a dança contribui para o cinema não só esteticamente, mas através do movimento, da criação coreográfica e por levar para as telas a fragmentação da imagem do corpo em movimento em um filme.

A presença da dança no cinema, inicialmente, ocorreu de forma amadora. As dançarinas não eram profissionais, porém, aos poucos, foram substituídas por profissionais de cabarés ou de teatros musicais. A princípio, eram utilizados os estilos de dança que estavam em alta nos bailes e salões, como no filme *Em Paris é assim* (*So This is Paris*, EUA, 1926), em que centenas de pessoas se agitam freneticamente ao ritmo de *charleston* nas cenas de baile (Nunes, 2008).

Quando falamos em *dança* e *cinema*, a primeira ideia que nos vem em mente são os filmes musicais, especialmente as obras norte-americanas. Pouco se fala sobre o gênero musical em outros países. Talvez pela dificuldade de acesso, até então, mas há muitas variações do filme musical/dançado em outras regiões que não os Estados Unidos, como os musicais socialistas, o musical de Bombaim, a cabaretera mexicana, o filme de tango argentino e os musicais egípcios. Carlos Saura, cineasta espanhol, realizou uma trilogia de filmes de dança aderindo intensamente à sua identidade cultural por meio das danças flamencas coreografadas pelo dançarino Antonio Gades (Nunes, 2008).

A partir de 1927, a tecnologia dos filmes sonoros impulsionou a produção de filmes musicais e, consequentemente, o uso das danças no cinema. Nas décadas de 1930 e 1940, a união do cinema com a dança se tornou uma fórmula de sucesso, razão por que foram consideradas a idade do ouro dos musicais. Fred Astaire (1899-1987), ator e dançarino da Broadway, impôs condições cinematográficas que enriqueceram a representação da sua dança. Ele exigiu, por exemplo, câmeras que enquadrassem o corpo inteiro, possibilitando o mínimo de cortes possíveis e mantendo o máximo da integridade da coreografia (Souza, 2005).

Podemos citar como filmes de grande popularidade com a participação de Fred Astaire: *O Picolino* (1935), *Ritmo louco* (1936), *Vamos dançar?* (1937) e *Cinderela em Paris* (1967). Fred Astaire contou com a participação de diversas parceiras de dança nos filmes em que estrelou, entre as quais podemos citar: Joan Crawford, sua primeira parceira de dança no cinema; Eleanor Powell, com quem contracenou no filme *Melodia da Broadway* (1940), em que os dois apresentaram uma sequência de sapateado considerada por muitos a mais impressionante do cinema; e Ginger Rogers, sua principal parceira de dança – juntos os atores e bailarinos contracenaram em dez filmes. Na Figura 6.9, vemos Fred Astaire ao lado do colega de trabalho, o ator e bailarino James Dean.

Figura 6.9 Fred Astaire ao lado de James Dean em um *outdoor* cinematográfico

No Brasil, inicialmente, a dança apareceu no cinema a partir das chanchadas – comédias ingênuas, de caráter popular, que têm suas histórias intercaladas com números musicais. A função da dança nesses filmes não foi muito diferente dos musicais estadunidenses. Com a participação de músicas de estrelas da rádio, a chanchada, na maioria das vezes, não demonstrava cuidado nem com a qualidade técnica das coreografias, nem com sua representação cinematográfica. As produções musicais no Brasil se desenvolveram de forma mais lenta, uma vez que os orçamentos e as tecnologias disponíveis no país eram escassos (Nunes, 2008).

Na década de 1960, iniciou-se uma nova consciência política, social, econômica, cultural e, consequentemente, corporal. *Amor, sublime amor (West Side Story*, EUA, 1961), filme coreografado por Jerome Robbins, foi a transposição de um espetáculo de sucesso da Broadway para a grande tela. Sobre essa produção cinematográfica, Souza (2005, p. 100-101) declara:

A montagem, aliada à coreografia, dá continuidade aos cortes espaciais, permitindo que a ação prossiga no ritmo da música. O domínio técnico e a inovação artística criam soluções essencialmente cinematográficas, transformando o filme em um clássico da sétima arte. [...] A precisão técnica, o envolvimento dos atores e a atenção aos detalhes dão valor às performances. A dança é filmada como nos tempos de Fred Astaire, de orpo inteiro, com a câmera acompanhando seus movimentos e com o mínimo de cortes possíveis para exaltar as habilidades dos dançarinos.

O filme citado estreou com nova versão em 2021, sob a direção de Steven Spielberg, foi indicado a vários prêmios cinematográficos e ganhou o Oscar de melhor atriz coadjuvante com a atriz, cantora e dançarina norte-americana Ariana DeBose.

No final das décadas de 1960 e 1970, Bob Fosse (1927-1987), conceituado diretor, artista e coreógrafo da Broadway, realizou drásticas mudanças nos filmes musicais. Tais filmes, que até então mostravam apenas o lado glamoroso das relações humanas, passaram a ter roteiros mais próximos da realidade, com temas polêmicos da época e que, mesmo nos dias de hoje, permanecem atuais. Seus filmes mais famosos são: *Charity, meu amor* (*Sweet Charity*, EUA, 1969), um musical baseado no filme *Cabíria* (*Le Notti di Cabiria*, Itália, 1957); *Cabaret* (EUA, 1972) e *O show deve continuar* (*All that Jazz*, EUA, 1979) (Nunes, 2008).

A partir da década de 1980, os filmes musicais cederam espaço às representações naturalistas de uma dança como demonstração de talento nos filmes para adolescentes e adultos, como *Flashdance* (EUA, 1983), e como instrumento para propagação de uma "mensagem social", em que a dança possui a propriedade de revelar o melhor do ser humano, ajudando a superar as diferenças, como *Hip Hop sem parar* (*You Got Served*, EUA, 2004).

Na atualidade, nas produções cinematográficas que envolvem a dança, de modo geral, predominam os estilos contemporâneo e danças urbanas, a exemplo da franquia *Step Up*, traduzida para o português como *Ela Dança, Eu Danço*, que conta com seis filmes, de 2006 a 2019. Os filmes retratam histórias de amizade, conflitos pessoais e superação permeados pela dança.

Outros trabalhos cinematográficos envolvendo a dança são os vídeos de curta e média-metragem, alguns caracterizados como videodança, nos quais, em geral, há uma relação mais próxima entre o trabalho cinematográfico propriamente dito e a dança. Um exemplo é o videodança latino-americano *Dois ambientes* (*2 Ambientes*, Argentina, 2004), de Rodrigo Pardo e Guiye Fernández. Toda a narrativa é desenvolvida sem diálogo, as cenas são todas coreografadas e com profunda pesquisa na gestualidade cotidiana.

Apesar de não ser considerado um curta-metragem por estar incluído no longa, *Rio, Eu Te Amo*, lançado em setembro de 2014, é o terceiro filme da franquia *Cities of Love*, na qual fazem parte as produções *Paris, Je T'aime* e *New York, I Love You*. Dez diretores de diferentes regiões do mundo filmaram pequenas histórias ambientadas em vários pontos da cidade. O brasileiro Carlos Saldanha dirigiu os atores Rodrigo Santoro e Bruna Linzmeyer no curta *Pas de Deux*. A estória ocorre no interior e nas imediações do Theatro Municipal do Rio de Janeiro e conta com lindas cenas de dança.

As relações da dança com o cinema e as novas tecnologias digitais estão em constante evolução, e as novas produções têm suas perspectivas, estéticas e modos de percepção cada vez mais integrados.

6.5 Dança nas redes sociais e tecnologias educacionais

A existência da tecnologia não é algo exclusivamente contemporâneo, uma vez que podemos considerar que instrumentos musicais, vestimentas, sapatilhas, materiais para cenários são alguns dos exemplos de tecnologias utilizadas durante a história e a evolução da dança. Ainda sobre a tecnologia, o que nos passa essa percepção é a velocidade com que novas tecnologias surgem e são incorporadas no dia a dia. Esse ritmo acelerado na introdução de novas técnicas, métodos e processos deve-se, em especial, ao advento da tecnologia digital, que ocorreu a partir do final da década de 1960 (Bastos, 2013).

A tecnologia sempre esteve presente nas artes e na dança, acompanhando a evolução tecnológica no decorrer dos tempos. O aspecto inédito trazido pela tecnologia digital está em sua potencialidade de ir além de uma ferramenta e de possibilitar uma relação íntima e dinâmica entre as artes e a tecnologia (Santana, 2006). Para Wosniak (2013, p. 46-47), "o cenário da dança *tecnologizada* [...] não é atemporal: a complexidade do mundo atual é responsável pelo surgimento destas tecnologias, ao mesmo tempo que é fruto delas".

Na atualidade, a dança tem sido utilizada em seus mais diversos estilos e meios, sejam eles reais, sejam virtuais ou mesmo híbridos. Santana (2006) aborda o uso da dança sob a mediação tecnológica, apontando que a arte da dança coabita com a tecnologia e ambas se complementam; os corpos são mídias comunicacionais em constante troca com o ambiente. O mesmo autor afirma:

> O corpo da dança e a tecnologia trafegam nesse caldo complexo da cultura em permanente desequilíbrio e transformação. Assim, a dança com mediação tecnológica não deve ser considerada como uma inovação estilística de uma dança que utiliza as novas mídias de forma indiscriminada e ingênua, na forma de ferramentas facilitadoras ou decorativas. (Santana, 2006, p. 33)

Lemos (2004) destaca alguns termos relevantes para a compreensão da relação entre a dança e a tecnologia digital. São eles: o ciberespaço, considerado como o ambiente virtual e conectado pela internet; a cibercultura, que emerge da relação entre sociedade, cultura e novas tecnologias dentro do ciberespaço; e a ciberdança, determinada como toda dança produzida na rede e para a rede, portanto, com a utilização da internet no ciberespaço (Lemos, 2004).

Na Figura 6.10 podemos observar o resultado do uso da tecnologia com a dança, na qual a mesma bailarina realiza movimentos diversos que foram gravados e depois editados para que demonstrassem as etapas de determinado passo. Percebemos também o uso da iluminação e do foco da câmera, utilizados para criar um efeito estético no entorno da bailarina.

Figura 6.10 Demonstração da ciberdança

Master1305/Shutterstock

A ciberdança tem estrutura particular, desde a concepção coreográfica, a relação corporal dos dançarinos, o espaço virtual onde ocorre até a relação com seu público, que também é virtual. Por meio da ciberdança é possível explorar as múltiplas linguagens, como a estrutura sonora, o *design* gráfico e os corpos virtualizados em movimento dançante (Wosniak, 2013).

> A *hibridação tecnoestética instaurada nos processos de criação em dança, rompe especificidades e borra fronteiras entre os limites das signagens, possibilitando aos ciberartistas e usuários/coautores, múltiplos enfoques no estabelecimento de inusitadas poéticas para os corpos virtualizados por meio das novas mídias digitais.* (Wosniak, 2013, p. 47)

Com o avanço recorrente das tecnologias digitais, cada vez mais surgem programas e aplicativos que possibilitam a criação de coreografias e espetáculos digitais. Podemos citar o uso da técnica Chroma Key, que permite a substituição de uma cor sólida por imagens ou vídeos; basicamente, é utilizado um tecido, lona ou parede nas cores verde ou azul durante as gravações. Essa técnica, que inicialmente só era possível ser realizada em estúdios profissionais, hoje em dia está disponível em aplicativos para computadores e celulares.

Na Figura 6.11 podemos observar uma sala preparada com fundo verde para a gravação e posterior edição de vídeos com a técnica Chroma Key. Outro exemplo são as câmeras dos celulares, as quais possibilitam filmagens em diferentes ângulos, velocidades e com aplicativos de filtros variados.

Figura 6.11 Sala preparada para gravação e edição da técnica Chroma Key

Bastos (2013) discorre acerca de outro termo relacionado à dança e à tecnologia, o *mediadance*, considerado pela autora em questão o que mais se aproxima da atual condição da dança aliada às tecnologias digitais. Esse conceito abarca não apenas as danças realizadas no cinema e nos vídeos, mas inclui a dança de forma interativa, na qual a *performance* é mediada tecnologicamente e pode ser realizada tanto nos meios de comunicação de massa, como cinema, televisão e rádio, quanto por intermédio do computador e do celular, traçando uma relação dialógica entre o objeto artístico, a dança e o público. Bastos (2013, p. 85) enfatiza as novas estéticas e possibilidades apresentadas pelo *mediadance*:

> *Esse encontro leva a um novo pensamento sobre arte e tecnologia, dança e mídia, fazendo referência a um enredamento de experiências que expandem as fronteiras das diversas tecnologias, sejam elas digitais ou não, e da dança. Tal diálogo proporciona uma dança que acontece apenas em união às tecnologias e uma tecnologia cuja poética existe, apenas, com aquela dança. Com base no conceito de Schiller, podemos dizer que a mediadance apresenta uma dança que descobre na tecnologia um caminho para a possibilidade de novas experiências estéticas e poéticas na contemporaneidade.*

Quando falamos em *interação* e *mídias sociais*, logo nos vêm em mente as redes sociais *on-line*. Para Chies e Rebs (2021), as redes sociais são estabelecidas pelo conjunto de participantes e suas relações e conexões. Quando compostas no ciberespaço, são denominadas redes sociais *on-line* e se encontram nas plataformas virtuais que irão permitir sua visualização, como Facebook, Instagram e TikTok.

As redes sociais *on-line* estão em constante evolução, ou seja, não são estáticas. Essa dinâmica implica em compreender comportamentos que produzirão significados sociais reconhecidos e produzidos pelos sujeitos participantes do processo (Chies; Rebs, 2021). As redes sociais *on-line* conquistaram, em especial, os adolescentes, e, na atualidade, o uso do celular como ferramenta pedagógica deve ser considerado. Para a dança, o uso das redes sociais se torna um recurso acessível, atual e criativo.

⫶ *Síntese*

Neste capítulo apresentamos alguns conceitos sobre coreógrafo e coreografia, por meio das diversas possibilidades para elaboração de uma coreografia. Propusemos um projeto coreográfico composto por seis etapas, sendo elas: pesquisa acerca do tema; levantamento de dados da turma e/ou bailarinos e demais equipes envolvidas com o processo; cronograma; estudo musical e coreográfico; ensaios e experimentações; e apresentação da coreografia.

Na sequência, indicamos os aspectos relevantes para a organização de um espetáculo de dança e sugerimos pontos importantes da organização em formato de um *checklist*. Os pontos relevantes apresentados no *checklist* foram: identificação do público-alvo; estudo financeiro; equipe de apoio; cronograma; divulgação do espetáculo; acompanhamento dos ensaios e montagem coreográfica; processo de confecção de cenários e figurinos; ensaio geral; identificações do local do evento; e *feedback* pós-espetáculo.

Em seguida, apresentamos as definições de figurinos e cenários utilizados para espetáculos de dança, descrevemos as possibilidades na escolha de materiais, cores e estilos de figurinos mantendo o conforto e as movimentações dos alunos/bailarinos, e a produção dos cenários para dança, de forma que complementem e localizem historicamente a narrativa da coreografia.

Além disso, vimos a relação da dança com o cinema e as tecnologias, desde os aspectos históricos até algumas possibilidades de criação e interação com as tecnologias digitais e redes sociais.

⁞⁞ *Indicações culturais*

AMOR sublime amor. Direção: Steven Spielberg. EUA: Twentieth Century Fox, 2021. 157 min.

O filme musical *West Side Story*, traduzido para o português como *Amor sublime amor*, versão de 2021, é uma adaptação em longa-metragem do musical de 1957, com o mesmo nome. Dirigido por Steven Spielberg e coreografado por Justin Peck, o filme conta a história de amor entre dois jovens de gangues rivais da cidade de Nova Iorque.

CENTRO CULTURAL TEATRO GUAÍRA. **Balé Teatro Guaíra – Chromakids ep. 01 Chuva**. Disponível em: <https://www.youtube.com/watch?v=A42KGBuSmGo>. Acesso em: 3 mar. 2023.

CENTRO CULTURAL TEATRO GUAÍRA. **Balé Teatro Guaíra – Chromakids ep. 02 Cabeça**. Disponível em: <https://www.youtube.com/watch?v=yQ6ovekakak>. Acesso em: 3 mar. 2023.

CENTRO CULTURAL TEATRO GUAÍRA. **Balé Teatro Guaíra – Chromakids ep. 03 Reverso**. Disponível em: <https://www.youtube.com/watch?v=hzsOYMLrjZA>. Acesso em: 3 mar. 2023.

CENTRO CULTURAL TEATRO GUAÍRA. **Balé Teatro Guaíra – Chromakids ep. 04 Adágio**. Disponível em: <https://www.youtube.com/watch?v=eDO2MV94rgw>. Acesso em: 3 mar. 2023.

A série de videodança *Chromakids* contém quatro episódios. É direcionada para o público infantil e apresentada pela Companhia Balé Teatro Guaíra de Curitiba, Paraná. O nome da série relembra a técnica Chroma Key, que foi utilizada para registrar os bailarinos. Na edição, o fundo verde deu lugar às ilustrações do artista Gabriel, que dão às coreografias um tom lúdico e divertido. Na série, podemos identificar o resultado da união entre dança e tecnologia.

Atividades de autoavaliação

1. Sobre o projeto coreográfico proposto neste capítulo, assinale a alternativa que indica uma ação realizada na primeira etapa do projeto:

    a) Escolha do figurino.
    b) Cronograma de ensaios.
    c) Pesquisa acerca do tema da coreografia.
    d) Mapa de iluminação.
    e) Estudo musical.

2. Sobre a organização de um espetáculo de dança, observe as afirmativas a seguir.

    I. Identificar o público-alvo irá direcionar o objetivo do espetáculo.
    II. A equipe de organização não necessita acompanhar o processo de ensaios e montagem de coreografias, pois essa responsabilidade é exclusiva do coreógrafo.
    III. Reuniões com os membros da equipe, divulgação do evento e confecção de figurinos são alguns dos itens que devem constar no cronograma do evento.
    IV. Eventos internos dispensam a necessidade de divulgação.

    Estão corretas as afirmativas:

    a) I e II.
    b) III e IV.
    c) II e IV.
    d) I e III.
    e) Todas as afirmativas estão corretas.

3. Assinale a alternativa que indica corretamente como deve ser realizada a escolha do figurino:

    a) O figurino deve ser escolhido considerando a maleabilidade dos tecidos.

b) O figurino pode ser elaborado apenas pela equipe de organização.

c) Acessórios e sapatilhas não fazem parte da escolha do figurino.

d) A narrativa da coreografia não é influenciada pelas cores dos figurinos.

e) O orçamento disponível para a realização do espetáculo não influencia na escolha dos figurinos.

4. Sobre os cenários utilizados para espetáculos de dança, identifique se as afirmações a seguir são verdadeiras (V) ou falsas (F).

( ) Tem o objetivo de representar o local onde ocorre a narrativa da história.

( ) Os cenários para dança podem ser reais ou virtuais.

( ) Para apresentações de dança, geralmente são de material maleável e presos a um batente.

( ) Não é possível utilizar cenários em espetáculo de dança realizados em ambientes abertos.

a) V – F – V – V.

b) V – V – V – F.

c) F – V – F – V.

d) F – F – V – V.

e) V – V – F – V.

5. Sobre a dança e a tecnologia, assinale a alternativa que indica corretamente a definição de *mediadance*:

a) É elaborada para fins comerciais e de divulgação de produtos e serviços.

b) Propõe uma relação interativa entre a dança e a tecnologia e pode ser realizada por diversos meios de comunicação de massa, como cinema, televisão e internet.

c) Estabelece uma relação unilateral entre a dança e a tecnologia, na qual a dança é apenas apreciada pelo público.

d) Trata das tecnologias para aprimoramento da dança no cinema.

e) Trata-se da dança criada por meio de aplicativos de redes sociais, como o Facebook e o TikTok.

Atividades de aprendizagem

Questões para reflexão

1. Realize uma pesquisa sobre as danças que estão presentes nas redes sociais. Identifique as modalidades e os gêneros musicais encontrados.

2. Assista a uma obra cinematográfica sobre dança, ou que contenha dança em sua produção. Analise a proposta das danças apresentadas na obra, como: modalidades de dança, cenários e figurinos.

Atividade aplicada: prática

1. Com base no projeto coreográfico proposto neste capítulo, simule a criação de uma coreografia utilizando as etapas sugeridas no projeto.

Considerações finais

Nesta obra, almejamos contemplar os diversos aspectos relacionados à dança da escola, desde os elementos históricos e legais até as amplas possibilidades de práticas contextualizadas da dança em ambiente escolar.

A dança, como manifestação cultural intrínseca à história da própria humanidade e de seus povos, inicialmente, era utilizada por meio de rituais religiosos e festivos e, gradativamente, foi transformada em obra de apreciação – transformações essas que, ao longo do tempo, sofreram influências de outras linguagens e culturas. Os aspectos sociais e psicológicos foram abordados a fim de valorizar os benefícios da prática da dança como expressão e linguagem corporal, proporcionando melhora na autoestima e o estímulo à criatividade.

Justificamos a presença do ensino da dança no ambiente escolar pela sua capacidade de influenciar positivamente na formação da identidade individual e em grupos da sociedade. Apontamos as bases legais do ensino da dança na educação básica, em todos os níveis, por meio da Base Nacional Comum Curricular (BNCC), e apresentamos as possibilidades de atividades práticas aplicadas para a construção de um plano de ensino.

Abordamos o significado do corpo ao longo do tempo e o conceito de corporeidade, bem como apresentamos a análise do movimento com base em quatro fatores de acordo com Laban:

fluência, espaço, peso e tempo. Mostramos as principais características do som, como altura, duração, intensidade e timbre, e os conceitos de harmonia, melodia, compasso, frase e bloco musical. Discorremos ainda sobre as relações da dança com a estética e a educação, destacando, dessa forma, o ensino da dança como necessário à formação humana.

De forma didática, descrevemos conceitos e técnicas de diferentes modalidades de dança, como balé clássico, dança moderna, dança contemporânea, danças de matrizes africanas, indígenas e folclóricas, danças de salão, sapateado, *jazz* e danças urbanas, que podem ser utilizadas como base técnica para subsidiar as vivências corporais de dança no contexto escolar.

Discorremos ainda acerca das possibilidades dos conteúdos de dança para o ensino básico, com abordagem das características dos alunos em cada fase, e destacamos a dança para além da reprodução de passos e memorização de coreografias, com um olhar amplo para as múltiplas oportunidades de vivências corporais educativas, o que possibilita sua prática e apreciação de forma lúdica, prazerosa e crítica.

Finalizamos abordando os conceitos de coreógrafo, coreografia, figurino, cenário e espetáculo de dança, seguidos da proposta de um projeto e suas etapas para a criação de coreografias, bem como a sugestão de um *checklist* para a organização de um espetáculo de dança. Além disso, vimos a relação da dança com o cinema e as tecnologias, desde os aspectos históricos até as possibilidades de criação e interação com as tecnologias digitais.

Ao chegarmos ao final desta obra, enfatizamos que, diante da magnitude e da diversidade da dança, escolhemos alguns caminhos e tópicos para serem abordados. Reforçamos, portanto, a necessidade da formação continuada dos professores para a elaboração e a aplicação de práticas pedagógicas significativas. Por isso, convidamos você, leitor, para a construção dos próximos passos da dança da escola.

Referências

ADORNO, T. W. **Teoria estética**. Tradução de Artur Morão. Lisboa: Edições 70, 1970.

ARANHA, M. L. A.; MARTINS, M. H. P. **Filosofando**: introdução à filosofia. São Paulo: Moderna, 2005.

ARAÚJO, M. C. As batalhas de hip-hop: contribuições para a manifestação criativa de alunos e alunas. In: GAIO, R.; PATRÍCIO, T. L. (Org.). **Dança na escola**: reflexões e ações pedagógicas. Curitiba: Bagai, 2021. p. 230-256. Disponível em: <https://drive.google.com/file/d/1eOhJO1L64Zwv wK1SJexC3ejL9ku2zYqH/view>. Acesso em: 29 dez. 2022.

ARTAXO, I.; MONTEIRO, G. A. **Ritmo e movimento**: teoria e prática. 5. ed. São Paulo: Phorte, 2013.

ATAMTURK, H.; DINCDOLEK, B. Effects of Dance Education on Emotional Intelligence Related Outcomes. **Journal of Gender and Interdisciplinarity**, v. 2, n. 1, p. 422-434, 2021.

BARBOSA, A. M. **A imagem no ensino da arte**: anos oitenta e novos tempos. São Paulo: Perspectiva, 1991.

BARBOSA, A. M. Modernidade e pós-modernidade no ensino da arte. **MAC Revista**, v. 1, n. 1, p. 6-15, abr. 1992.

BARBOSA, A. M.; CUNHA, F. (Org.). **Abordagem triangular no ensino das artes e culturas visuais**. São Paulo: Cortez, 2010.

BARBOSA, E. A.; MOREIRA, E. C. A dança na educação física: saberes propostos na formação inicial. **Pensar a Prática**, Goiânia, v. 21, n. 2, p. 264-275, abr./jun. 2018. Disponível em: <https://revistas.ufg.br/fef/ article/view/45582>. Acesso em: 3 mar. 2023.

BASTOS, D. S. **Mediadance**: campo expandido entre a dança e as tecnologias digitais. 166 f. Dissertação (Mestrado em Dança) – Universidade Federal da Bahia, Salvador, 2013. Disponível em: <https://repositorio.ufba.br/bitstream/ri/11942/1/Arquivo%20Completo%20-%20Dorotea%20Bastos%20-%20Disserta%c3%a7%c3%a3o%20CD1.pdf>. Acesso em: 29 dez. 2022.

BRANDÃO, T. **Maracatu**. São Paulo: Nobel, 2006. (Coleção Festas Brasileiras).

BRASIL. Constituição (1988). **Diário Oficial da União**, Brasília, DF, 5 out. 1988. Disponível em: <https://www.planalto.gov.br/ccivil_03/constituicao/constituicao.htm>. Acesso em: 10 jan. 2023.

BRASIL. Lei n. 8.069, de 13 de julho de 1990. **Diário Oficial da União**, Poder Legislativo, Brasília, DF, 16 jul. 1990. Disponível em: <https://www.planalto.gov.br/ccivil_03/leis/l8069.htm>. Acesso em: 3 mar. 2023.

BRASIL. Lei n. 9.394, de 20 de dezembro de 1996. **Diário Oficial da União**, Poder Legislativo, Brasília, DF, 23 dez. 1996. Disponível em: <http://www.planalto.gov.br/ccivil_03/LEIS/l9394.htm>. Acesso em: 10 jan. 2023.

BRASIL. Ministério da Educação. Conselho Nacional de Educação. Câmara de Educação Básica. **Parecer n. 11, de 10 de maio de 2000**. Brasília, DF, 2000. Disponível em: <http://portal.mec.gov.br/cne/arquivos/pdf/PCB11_2000.pdf>. Acesso em: 3 mar. 2023.

BRASIL. Ministério da Educação. Conselho Nacional de Educação. Câmara de Educação Básica. Resolução n. 1, de 28 de maio de 2021. **Diário Oficial da União**, Brasília, DF, 1º jun. 2021. Disponível em: <http://portal.mec.gov.br/mais-educacao/30000-uncategorised/90871-resolucoes-ceb-2021>. Acesso em: 3 mar. 2023.

BRASIL. Ministério da Educação. Conselho Nacional de Educação. Câmara de Educação Básica. Resolução n. 7, de 14 de dezembro de 2010. **Diário Oficial da União**, Brasília, DF, 15 dez. 2010a. Disponível em: <http://portal.mec.gov.br/dmdocuments/rceb007_10.pdf>. Acesso em: 3 mar. 2023.

BRASIL. Ministério da Educação. Secretaria de Educação Básica. Conselho Nacional de Educação. **Base Nacional Comum Curricular**: educação é a base. Brasília, 2017. Disponível em: <http://basenacionalcomum.mec.gov.br/a-base>. Acesso em: 3 mar. 2023.

BRASIL. Ministério da Educação. Secretaria de Educação Básica. **Diretrizes curriculares nacionais gerais da educação básica**. Brasília, 2013. Disponível em: <http://portal.mec.gov.br/index.php?option=com_doc man&view=download&alias=13448-diretrizes-curiculares-nacionais-2013-pdf&Itemid=30192>. Acesso em: 10 jan. 2023.

BRASIL. Ministério da Educação. Secretaria de Educação Básica. **Diretrizes curriculares nacionais para a educação infantil**. Brasília, 2010b. Disponível em: <http://portal.mec.gov.br/dmdocuments/diretrizescurriculares_2012.pdf>. Acesso em: 29 dez. 2022.

BRASIL. Ministério da Educação. Secretaria de Educação Fundamental. **Parâmetros Curriculares Nacionais**: Arte. Brasília, 1997a. Disponível em: <http://portal.mec.gov.br/seb/arquivos/pdf/livro06.pdf>. Acesso em: 29 dez. 2022.

BRASIL. Ministério da Educação. Secretaria de Educação Fundamental. **Parâmetros Curriculares Nacionais**: Educação Física. Brasília, 1997b. Disponível em: <http://portal.mec.gov.br/seb/arquivos/pdf/livro07.pdf>. Acesso em: 29 dez. 2022.

BRASIL. Ministério da Educação. Secretaria de Educação Fundamental. **Parâmetros Curriculares Nacionais – terceiro e quarto ciclos**: apresentação dos temas transversais. Brasília, 1998. Disponível em: <http://portal.mec.gov.br/seb/arquivos/pdf/ttransversais.pdf>. Acesso em: 29 dez. 2022.

BRASIL. Ministério da Saúde. Dançar faz bem ao corpo, à alma e à mente. **Saúde Brasil**, Eu quero me exercitar, 31 jan. 2022. Disponível em: <https://www.gov.br/saude/pt-br/assuntos/saude-brasil/eu-quero-me-exercitar/noticias/2018/dancar-faz-bem-ao-corpo-a-alma-e-a-mente>. Acesso em: 28 dez. 2022.

BRASILEIRO, L. T. Dança: sentido estético em discussão. **Movimento**, Porto Alegre, v. 18, n. 1, p. 189-203, jan./mar. 2012. Disponível em: <https://www.seer.ufrgs.br/Movimento/article/view/19195>. Acesso em: 29 dez. 2022.

BRIKMAN, L. **A linguagem do movimento corporal**. Tradução de Lizandra Magon de almeida. 3. ed. São Paulo: Summus, 2014.

BRITO, M. C. N. Uma proposta pedagógica para o ensino de dança para estudantes com deficiência na educação básica. In: CONGRESSO CIENTÍFICO NACIONAL DE PESQUISADORES EM DANÇA, 6., 2021, Salvador. **Anais…** Salvador: Associação Nacional de Pesquisadores em Dança; Anda, 2021. p. 304-318. Disponível em: <https://proceedings. science/anda-2021/papers/uma-proposta-pedagogica-para-o-ensino-de-danca-para-estudantes--com-deficiencia-na-educacao-basica->. Acesso em: 16 abr. 2022.

CAMARGO, R. Praticantes do Break Dance refletem sobre inclusão da modalidade nas Olimpíadas 2024. **Alma Preta**, 15 dez. 2020. Disponível em: <https://almapreta.com.br/sessao/cultura/breaking-elemento-da-cultura-hip-hop-fara-parte-dos-jogos-olimpicos-de-paris>. Acesso em: 28 dez. 2022.

CAMINADA, E. **História da dança**: evolução cultural. Rio de Janeiro: Sprint, 1999.

CAPALBO, C. **Fenomenologia e ciências humanas**. Londrina: Ed. da UEL, 1996.

CAPRARO, A. M.; SOUZA, M. T. O. **Educação física, esportes e corpo**: uma viagem pela história. Curitiba: InterSaberes, 2017. (Série Corpo em Movimento).

CARBONELL, S. **Educação estética na EJA**: a beleza de ensinar e aprender com jovens e adultos. São Paulo: Cortez, 2012.

CASTRO, D. L. O aperfeiçoamento das técnicas de movimento em dança. **Revista Movimento**, Porto Alegre, v. 13, n. 1, p. 121-130, jan./abr. 2007. Disponível em: <https://seer.ufrgs.br/Movimento/article/view/2928>. Acesso em: 29 dez. 2022.

CASTRO, O. G.; BRITO, B. J. G.; RODRIGUES, M. C. S. **Metodologia da dança**. Porto Alegre: Sagah, 2019.

CHIES, L.; REBS, R. R. Pandemia e as motivações sociais para a produção de ciberdanças no TikTok. **Revista da Fundarte**, Montenegro, v. 44, n. 44, p. 1-19, jan./mar. 2021. Disponível em: <https://seer.fundarte.rs.gov.br/index.php/RevistadaFundarte/article/view/852#:~:text=Observou%2Dse%20que%20as%20ciberdan%C3%A7as,o%20per%C3%ADodo%20de%20distanciamento%20social.>. Acesso em: 29 dez. 2022.

CLARO, C. P. L. **Avaliação de um programa de dança em jovens com necessidades educativas especiais**. 117 f. Dissertação (Mestrado em Educação Especial) – Universidade Técnica de Lisboa, Lisboa, 2012. Disponível em: <https://www.repository.utl.pt/bitstream/10400.5/5149/1/Tese final_Catarina_Claro>. Acesso em: 3 mar. 2023.

CONCEIÇÃO, K. P.; GIMENEZ, R.; MARTINS, I. C. A dança na educação infantil: uma proposta de prática educativa para o trabalho com crianças. In: GAIO, R.; PATRÍCIO, T. L. (Org.). **Dança na escola**: reflexões e ações pedagógicas. Curitiba: Bagai, 2021. p. 99-109. Disponível em: <https://drive.google.com/file/d/1eOhJO1L64ZwvwK1SJexC3ejL9ku2zYqH/view>. Acesso em: 29 dez. 2022.

CORRÊA, C.; MORAES E SILVA, M. Concepções de corpo presentes na Ilíada e Odisseia. **Materiales para la Historia del Deporte**, n. 18, p. 16-28, 2019. Disponível em: <http://polired.upm.es/index.php/materiales_historia_deporte/article/download/4203/4268>. Acesso em: 3 mar. 2023.

CORRÊA, J. F.; SANTOS, V. L. B. Dança na educação básica: apropriações de práticas contemporâneas no ensino de dança. **Revista Brasileira de Estudos da Presença**, Porto Alegre, v. 4, n. 3, p. 509-526, set./dez. 2014. Disponível em: <https://www.scielo.br/j/rbep/a/LsdmsBFws5gXKrXhZb6gtMk/abstract/?lang=pt>. Acesso em: 3 mar. 2023.

CORRÊA, J. G. F.; JESUS, T. S. A.; HOFFMANN, C. A. Considerações sobre docência, formação e inserção da dança no espaço escolar brasileiro. **Ouvirouver**, Uberlândia, v. 14, n. 1, p. 194-205, jan./jun. 2018. Disponível em: <https://seer.ufu.br/index.php/ouvirouver/article/view/39902>. Acesso em: 3 mar. 2023.

DANÇAS japonesas. **Nippo**, nov. 2002. Disponível em: <https://www.nippo.com.br/especial/n180.php>. Acesso em: 29 dez. 2022.

DANTAS, M. F. **Dança**: o enigma do movimento. Curitiba: Appris, 2020.

DARIDO, S. C. Temas transversais e a educação física escolar. **Prograd – Caderno de formação**: formação de professores didática geral. São Paulo: Cultura Acadêmica, 2012. v. 16. p. 76-89. Disponível em: <https://acervodigital.unesp.br/bitstream/123456789/41550/1/01d 19t04.pdf>. Acesso em: 16 jan. 2023.

DIAS, C. et al. Entre cadeira e palco: percepções estéticas de espectadores sobre uma coreografia de dança. **Revista Arquivos em Movimento**, Rio de Janeiro, v. 6, n. 2, p. 57-77, jul./dez. 2010. Disponível em: <https://revistas.ufrj.br/index.php/am/article/view/9169>. Acesso em: 29 dez. 2022.

DINIZ, I. K. S.; DARIDO, S. C. Dança no ensino médio: experiência com o uso das TICs. **Motrivivência**, Florianópolis, v. 33, n. 64, p. 1-22, 2021. Disponível em: <https://periodicos.ufsc.br/index.php/motrivivencia/article/view/80116/47220>. Acesso em: 29 dez. 2022.

DINIZ, I. K. S.; DARIDO, S. C. O que ensinar sobre dança no ensino médio? **Motrivivência**, Florianópolis, v. 31, n. 58, p. 1-23, 2019. Disponível em: <https://periodicos.ufsc.br/index.php/motrivivencia/article/view/2175-8042.2019e56603/40205>. Acesso em: 29 dez. 2022.

EICHBERG, H. Sport as Festivity: Education Through Festival. **Physical Culture and Sport. Studies and Research**, v. 1, p. 68-78, 2007.

EVANGELISTA, A. R.; MENEZES, J. S. S.; COSTA, F. L. O. O Direito à EJA nas Constituintes e LDBs Brasileiras (1934?1996). **Cadernos de Pesquisa – Pensamento Educacional**, Curitiba, v. 10, n. 25, p. 211-228, maio/ago. 2015.

FEITOSA, C. O tédio e a dança: considerações a partir de Nietzsche, Valéry e Heidegger. **O Percevejo Online**, v. 3, n. 2, p. 1-12, ago./dez. 2012. Disponível em: <http://seer.unirio.br/index.php/opercevejoonline/article/view/1910>. Acesso em: 3 mar. 2023.

FERNANDES, C. **O corpo em movimento**: o sistema Laban/Bartenieff na formação e pesquisa em artes cênicas. 2. ed. São Paulo: Annablume, 2006.

FERREIRA, V. **Dança escolar**: um novo ritmo para a educação física. 2. ed. Rio de Janeiro: Sprint, 2009.

FIAMONCINI, L.; SARAIVA, M. do C. Dança na escola: a criação e a coeducação em pauta. In: KUNZ, E. (Org.). **Didática da educação física 1**. 6. ed. Ijuí: Editora da Unijuí, 2018. p. 95-120.

FIGUERÔA, K. M. **O ensino das lutas na educação física escolar**. Curitiba: Contentus, 2020.

FIGUERÔA, K. M.; GOMES, L. C.; MORAES E SILVA, M. **Fundamentos introdutórios da educação física**. Curitiba: InterSaberes, 2021.

FIORENTIN, S. **Corpo e corporeidade nas percepções e nas práticas pedagógicas de professores da educação infantil especial**: da visão mecanicista/reducionista à visão sistêmica/holística. Dissertação (Mestrado em Educação) – Universidade Tuiuti do Paraná, Curitiba, 2006.

FOCHI, M. A. B. Hip hop brasileiro: Tribo urbana ou movimento social? **Revista Facom**, n. 17, p. 61-69, jan./jun. 2007. Disponível em: <https://www.faap.br/revista_faap/revista_facom/facom_17/fochi.pdf>. Acesso em: 16 jan. 2023.

FRÓIS, J. P.; MARQUES, E.; GONÇALVES, R. M. A educação estética e artística na formação ao longo da vida. In: FRÓIS, J. P. (Coord.). **Educação estética e artística**: abordagens transdisciplinares. Lisboa: Fundação Calouste Gulbenkian, 2000. p. 201-243.

GADOTTI, M.; ROMÃO, J. E. (Org.). **Educação de jovens e adultos**: teoria, prática e proposta. 12. ed. São Paulo: Cortez, 2011.

GAGLIARDI, P. R. **A trajetória da coreógrafa Anette Lubisco**: propostas coreográficas de dança jazz. 2014. 63 f. Trabalho de conclusão de curso (Licenciatura em Dança) – Universidade Federal do Rio Grande do Sul, Porto Alegre, 2014. Disponível em: <https://lume.ufrgs.br/bitstream/handle/10183/109199/000950396.pdf?sequence=1&isAllowed=y>. Acesso em: 10 jan. 2023.

GALAK, E. et al. O corpo no campo acadêmico da educação física na Argentina e no Brasil: crítica e renovação da disciplina. **The Journal of the Latin American Socio-cultural Studies of Sport**, v. 9, n. 2, p. 79-90, set. 2018. Disponível em: <https://revistas.ufpr.br/alesde/article/view/61266/35950>. Acesso em: 29 dez. 2022.

GALLAHUE, D. L.; DONNELLY, F. C. **Educação física desenvolvimentista para todas as crianças**. 4. ed. São Paulo: Phorte, 2008.

GALLAHUE, D. L.; OZMUN, J. C.; GOODWAY, J. D. **Compreendendo o desenvolvimento motor**: bebês, crianças adolescentes e adultos. Tradução de Denise Regina de Sales. 7. ed. Porto Alegre: AMGH, 2013.

GARCIA, A.; HAAS, A. N. **Ritmo e dança**. 2. ed. Canoas: Ed. da ULBRA, 2006.

GIGUERE, M. **Dança moderna**: fundamentos e técnicas. Barueri: Manole, 2016.

GIOVANAZ, B. A.; WAGNER, D. A dança folclórica como disseminadora de oportunidades culturais: um estudo sobre fatores que levam bailarinos a participarem de grupos de folclore internacional. **Ciência em Movimento – Educação e Direitos Humanos**, v. 20, n. 40, p. 57-70, ago. 2018. Disponível em: <https://www.metodista.br/revistas/revistas-ipa/index.php/EDH/article/view/631>. Acesso em: 3 mar. 2023.

GOMES, L. C. et al. Programas de pós-graduação *stricto sensu* em educação física no Brasil: diversidades epistemológicas na subárea pedagógica. **Movimento**, Porto Alegre, v. 25, p. 1-14, 2019. Disponível em: <https://seer.ufrgs.br/Movimento/article/view/84501/52443>. Acesso em: 29 dez. 2022.

GONZÁLEZ, F. J.; FENSTERSEIFER, P. E. (Org.). **Dicionário crítico de educação física**. 3. ed. Ijuí: Ed. da Unijuí, 2014.

GUARATO, R. Os conceitos de "dança de rua" e "danças urbanas" e como eles nos ajudam a entender um pouco mais sobre colonialidade (Parte I). **Revista Arte da Cena**, Goiânia, v. 6, n. 2, p. 114-154, ago./dez. 2020. Disponível em: <https://revistas.ufg.br/artce/article/view/66882>. Acesso em: 16 jan. 2023.

HANEBUTH, O. **El ritmo**. Buenos Aires: Lopez, 1968.

JOÃO, R. B.; BRITO, M. Pensando a corporeidade na prática pedagógica em educação física à luz do pensamento complexo. **Revista Brasileira de Educação Física e Esporte**, São Paulo. v. 18, n. 3, p. 263-272, jul./set. 2004. Disponível em: <https://www.revistas.usp.br/rbefe/article/view/16567/18280>. Acesso em: 29 dez. 2022.

KASSING, G. **Ballet**: fundamentos e técnicas. Tradução de Nilce Xavier. Barueri: Manole, 2016.

KAWASHIMA, L. B.; SOUZA, L. B.; FERREIRA, L. A. Sistematização de conteúdos da Educação Física para as séries iniciais. **Motriz**, Rio Claro, v. 15, n. 2, p. 458-468, abr./jun. 2009. Disponível em: <https://www.periodicos.rc.biblioteca.unesp.br/index.php/motriz/article/view/2161/2392>. Acesso em: 3 mar. 2023.

KNOWLES, M. S. **Andragogo versus pedagogo**. Nova York: Associated Press, 1973.

KOURLAS, G. One-Man Flamenco, Without Instruments. **The New York Times**, 19 jun. 2008. Disponível em: <https://www.nytimes.com/2008/06/19/arts/dance/19galv.html>. Acesso em: 29 dez. 2022.

KUNZ, E. Educação física escolar: seu desenvolvimento, problemas e propostas. In: SEMINÁRIO BRASILEIRO EM PEDAGOGIA DO ESPORTE, 1., 1998, Santa Maria. **Anais...** Santa Maria: CEFD-UFSM, 1998. p. 114-119.

KUNZ, M. C. Investigando dança e género na escola: uma abordagem fenomenológica. **Estudos de Dança**, v. 7/8, p. 135-145, 2004.

LABAN, R. **Dança educativa moderna**. Tradução de Maria da Conceição Parayba Campos. São Paulo: Ícone, 1990.

LABAN, R. **Domínio do movimento**. Tradução de Anna Maria Barros De Vecchi e Maria Sílvia Mourão Netto. 5. ed. São Paulo: Summus, 1978.

LACERDA, T.; GONÇALVES, E. Educação estética, dança e desporto na escola. **Revista Portuguesa de Ciências do Desporto**, v. 9, n. 1, p. 105-114, jan./abr. 2009. Disponível em: <https://rpcd.fade.up.pt/_arquivo/RPCD_Vol.9_Nr.1.pdf#page=107>. Acesso em: 29 dez. 2022.

LANÇANOVA, J. E. S. **Lutas na educação física escolar**: alternativas pedagógicas. 70 f. Monografia (Licenciatura em Educação Física) – Universidade da Região da Campanha, Alegrete, 2006.

LANGENDONCK, R. V. História da dança. In: PARANÁ. Secretaria da Educação. **Sugestões de leitura**, 2018. Disponível em: <http://www.educacaofisica.seed.pr.gov.br/arquivos/File/sugestao_leitura/historia_danca.pdf>. Acesso em: 29 dez. 2022.

LANGLADE, A.; LANGLADE, N. R. **Teoria general de la gimnasia**. Buenos Aires: Editorial Stadium, 1970.

LAZZAROTTI FILHO, A. et al. O termo práticas corporais na literatura científica brasileira e sua repercussão no campo da Educação Física. **Movimento**, v. 16, n. 1, p. 11-29, 2010. Disponível em: <https://doi.org/10.22456/1982-8918.9000>. Acesso em: 29 dez. 2022.

LE BRETON, D. **Antropologia do corpo e modernidade**. Tradução de Fábio dos Santos Creder Lopes. Petrópolis: Vozes, 2011.

LEITE, M. B. T.; LIMA, M. L. Gestão profissional na produção de espetáculos de dança: a Company Ballet. **Revista Diálogos Interdisciplinares**. v. 2, n. 1, p. 108-128, 2013. Disponível em: <https://revistas.brazcubas.br/index.php/dialogos/article/view/16/24>. Acesso em: 29 dez. 2022.

LEMOS, A. Cibercultura, cultura e identidade. Em direção a uma "Cultura Copyleft"? **Contemporânea – Revista de Comunicação e Cultura**, v. 2, n. 2, p. 9-22, dez. 2004. Disponível em: <https://periodicos.ufba.br/index.php/contemporaneaposcom/article/view/3416>. Acesso em: 29 dez. 2022.

LEWIS, L. **Sapateado**: fundamentos e técnicas. Tradução de Marcia Di Domenico. Barueri: Manole, 2016.

LOVATT, P. **Dance Psychology**: the Science of Dance and Dancers. Norfolk: Dr Dance Presents, 2018.

MARBÁ, R. F.; SILVA, G. S.; GUIMARÃES, T. B. Dança na promoção da saúde e melhoria da qualidade de vida. **Revista Científica do ITPAC**, Araguaína, v. 9, n. 1, fev. 2016. Disponível em: <https://assets.unitpac.com.br/arquivos/Revista/77/Artigo_3.pdf>. Acesso em: 3 mar. 2023.

MARQUES, I. A. Dançando na escola. **Motriz**, v. 3, n. 1, p. 20-28, jun. 1997. Disponível em: <http://www.rc.unesp.br/ib/efisica/motriz/03n1/artigo3.pdf>. Acesso em: 3 mar. 2023.

MARQUES, I. A. **Dançando na escola**. São Paulo: Cortez, 2003.

MARQUES, I. A. **Ensino de dança hoje**: textos e contextos. 6. ed. São Paulo: Cortez, 2011.

MARQUES, I. A. **Interações**: crianças, dança e escola. São Paulo: Blucher, 2012.

MARQUES, L. K. de O. Refletindo sobre o ensino da dança na escola. In: ENCONTRO NACIONAL DE ENSINO DE ARTE E EDUCAÇÃO FÍSICA, 3., 2006, Natal. **Anais...** Natal: Paidéia/SEB/MEC, 2006. v. 1. p. 1-6.

MARRA, J. R.; MARANI, V. H.; SBORQUIA, S. P. A dança do ventre em foco: produções culturais na cidade de Londrina – Paraná. **Pensar a Prática**, Goiânia, v. 22, p. 1-11, 2019. Disponível em: <https://revistas.ufg.br/fef/article/view/54659>. Acesso em: 3 mar. 2023.

MARTÍNEZ, H. L. A alegria da bailarina Ingrid Silva ao receber as primeiras sapatilhas da cor de sua pele. **El País**, 4 nov. 2019. Disponível em: <https://brasil.elpais.com/brasil/2019/11/04/cultura/1572860654_696874.html>. Acesso em: 28 dez. 2022.

MARTINS, D. J. Q. **Planejamento de eventos esportivos e recreativos**. Curitiba: InterSaberes, 2018.

MARTINS, I. C.; IWAMOTO, V. A dança na educação da infância e a construção coreográfica: entre o lúdico e a expressão corporal. In: GAIO, R.; PATRÍCIO, T. L. (Org.). **Dança na escola**: reflexões e ações pedagógicas. Curitiba: Bagai, 2021. p. 56-74. Disponível em: <https://drive.google.com/file/d/1eOhJO1L64ZwvwK1SJexC3ejL9ku2zYqH/view>. Acesso em: 29 dez. 2022.

MASCIOLI, S. A. Z.; DIAS, N. M. O ensino da cultura indígena na educação básica por meio da dança. **Revista Eletrônica da Educação**. v. 2, n. 2, p. 15-27, ago. 2019. Disponível em: <http://portal.fundacaojau.edu.br:8078/journal/index.php/revista_educacao/article/view/85>. Acesso em: 29 dez. 2022.

MATIAS, M. (Org.). **Planejamento, organização e sustentabilidade em eventos**: culturais, sociais e esportivos. Curitiba: Manole, 2011.

MED, B. **Teoria da música**. 4. ed. Brasília: Musimed, 1996.

MILLER, J. **Qual é o corpo que dança?** Dança e educação somática para adultos e crianças. São Paulo: Summus, 2012.

MINTON, S. C. **Coreografia**: fundamentos e técnicas de improvisação. 4. ed. Barueri: Manole, 2020.

MONTANHEIRO, A. M. Entre corpo, dança e figurino. **A Luz em Cena**, Florianópolis, v. 1, n. 1, p. 1-16, jul. 2021. Disponível em: <https://www.periodicos.udesc.br/index.php/aluzemcena/article/view/19936/14251>. Acesso em: 3 mar. 2023.

MONTEIRO, A. A. **Corporeidade e educação física**: histórias que não se contam na escola! Dissertação (Mestrado em Educação Física) – Universidade São Judas Tadeu, São Paulo, 2009. Disponível em: <https://www.livrosgratis.com.br/ler-livro-online-98913/corpore idade-e-educacao-fisica--historias-que-nao-se-contam-na-escola>. Acesso em: 3 mar. 2023.

MOREIRA, W. W. **Educação física escolar**: uma abordagem fenomenológica. Campinas: Ed. da Unicamp, 1991.

MOTA, M. Genealogias da dança: teoria coral e a discussão de estudos sobre a dança na Grécia antiga. **Revista Eixo**, n. 1, v. 1, p. 21-30, jan./jun. 2012. Disponível em: <http://revistaeixo.ifb.edu.br/index.php/RevistaEixo/article/download/17/25/>. Acesso em: 3 mar. 2023.

NADER, P. R. et al. Moderate-to-Vigorous Physical Activity from Ages 9 to 15 Years. **The Journal of the American Medical Association**, Chicago, v. 300, n. 3, p. 295-305, Jul. 2008.

NANNI, D. **Dança educação**: princípios métodos e técnicas. 2. ed. Rio de Janeiro: Sprint, 1998.

NÃO é só futebol: dança também pode ser "coisa de menino". **Terra**, 4 fev. 2013. Disponível em: <https://www.terra.com.br/vida-e-estilo/mulher/vida-de-mae/nao-e-so-futebol-danca-tambem-pode-ser-coisa-de-menino,b4e6328d6379c310VgnVCM20000099cceb0aRCRD.html>. Acesso em: 28 dez. 2022.

NASCIMENTO, C. P. Os significados das atividades da cultura corporal e os objetos de ensino da educação física. **Movimento**, Porto Alegre, v. 24, n. 2, p. 677-690, abr./jun. 2018. Disponível em: <https://seer.ufrgs.br/Movimento/article/view/77157>. Acesso em: 3 mar. 2023.

NÓBREGA, T. P. Corpo e epistemologia. In: NÓBREGA, T. P. (Org.). **Epistemologia, saberes e práticas da educação física**. João Pessoa: Ed. da UFPB, 2006. p. 59-74.

NÓBREGA, T. P. **Corporeidade e educação física**: do corpo-objeto ao corpo-sujeito. 2. ed. Natal: EdUFRN, 2005.

NÓBREGA, T. P. **Para uma teoria da corporeidade**: um diálogo com Merleau-Ponty e o conhecimento complexo. Tese (Doutorado em Educação) – Universidade Metodista de Piracicaba, Piracicaba, 1999.

NÓBREGA, T. P. **Uma fenomenologia do corpo**. São Paulo: Livraria da Física, 2010.

NÓBREGA, T. P.; SILVA, L. M. F.; LIMA NETO, A. A. Movimentos do pensamento: cenários da filosofia do corpo no Brasil. **Dialektiké**, v. 1, n. 2, p. 38-49, 2015. Disponível em: <https://doi.org/10.15628/dialektike.2015.3047>. Acesso em: 29 dez. 2022.

NUNES, A. P. Cinema e dança: uma constante negociação entre duas linguagens. In: ENCONTRO NACIONAL DA REDE ALFREDO DE CARVALHO, 6., 2008, Niterói. **Anais...** Niterói: Alcar, 2008. p. 1-13. Disponível em: <https://redealcar.org/?page_id=5783>. Acesso em: 29 dez. 2022.

OLIVEIRA, P. T. Dança africana de Tefé – AM: origem, folclore, tradição e re(significação) no contexto amazônico. **Canoa do Tempo**, v. 13, p. 1-20, 2021. Disponível em: <https://www.periodicos.ufam.edu.br/index.php/Canoa_do_Tempo/article/view/8116>. Acesso em: 3 mar. 2023.

PAES, A. TikTok e Instagram: por que as dancinhas e challenges na internet fazem tanto sucesso? **O Hoje.com**, 24 out. 2021. Disponível em: <https://ohoje.com/noticia/cultura/n/1350777/t/tiktok-e-instagram-por-que-as-dancinhas-e-challenges-na-internet-fazem-tanto-suc esso/>. Acesso em: 28 dez. 2022.

PALLARÉS, Z. M. **Atividades rítmicas para o pré-escolar**. Porto Alegre: Redacta-Prodil, 1981.

PAPALIA, D. E.; FELDMAN, R. D. **Desenvolvimento humano**. 12. ed. Tradução de Carla Filomena Marques Pinto Vercesi et al. Porto Alegre: AMGH, 2013.

PATRÍCIO, T. L.; CARBINATTO, M. V. Festivais artísticos: uma proposta pedagógica. In: GAIO, R.; PATRÍCIO, T. L. (Org.). **Dança na escola**: reflexões e ações pedagógicas. Curitiba: Bagai, 2021. p. 300-319. Disponível em: <https://drive.google.com/file/d/1eOhJO1L64ZwvwK1SJexC3ejL9ku2zYqH/view>. Acesso em: 29 dez. 2022.

PAYNE, H. **Creative Movement and Dance in Groupwork**. Oxford: Winslow, 1992.

PEDRAÇA, A. S. et al. A música e a dança na educação infantil e nas séries iniciais. **Revista Ibero-Americana de Humanidades, Ciências e Educação**, São Paulo, v. 7, n. 8, p. 1066-1079, ago. 2021. Disponível em: <https://www.periodicorease.pro.br/rease/article/view/2212>. Acesso em: 29 dez. 2022.

PEREIRA, R. R. **Diálogos sobre a educação física na educação de jovens e adultos numa perspectiva freireana**. 163 f. Tese (Doutorado em Educação) – Pontifícia Universidade Católica do Rio Grande do Sul, Porto Alegre, 2013. Disponível em: <https://repositorio.pucrs.br/dspace/handle/10923/2878>. Acesso em: 3 mar. 2023.

PÉREZ, M. M. B. La motricidad, corporeidad y pedagogía del movimiento en Educación Física: un asunto que invita a la transdisciplinariedad. In: CONGRESSO CIENTÍFICO LATINO-AMERICANO, 3.; SIMPÓSIO LATINO-AMERICANO DE MOTRICIDADE HUMANA, 1., 2004, Piracicaba. **Anais...** Piracicaba: Unimep, 2004. Disponível em: <http://viref.udea.edu.co/contenido/pdf/04_la_motricidad_corporeidad.pdf>. Acesso em: 30 jan. 2022.

PIAGET, J. **A formação do símbolo na criança**: imitação, jogo e sonho, imagem e representação. Tradução de Álvaro Cabral. São Paulo: Zahar, 1971.

PORPINO, K. O. **Dança é educação**: interfaces entre corporeidade e estética. 2. ed. Natal: EdUFRN, 2018.

PORTINARI, M. **História da dança**. 2. ed. Rio de Janeiro: Nova Fronteira, 1989.

QUEIROZ, F. C. **A dança na educação infantil a partir da escuta das crianças**. 134 f. Dissertação (Mestrado em Educação e Contemporaneidade) – Universidade do Estado da Bahia, Salvador, 2013.

RAMALHO, E. Preconceito e falta de oportunidades fazem dançarinos de hip hop trocarem Brasil pela Europa. **RFI**, 18 mar. 2019. Disponível em: <https://www.rfi.fr/br/esportes/20190315-esporte-break-dance>. Acesso em: 28 dez. 2022.

RANGEL, N. B. C. **Dança, educação, educação física**: propostas de ensino da dança e o universo da educação física. Jundiaí: Fontoura, 2002.

REINA, A. **Teorias do cinema**. Curitiba: InterSaberes, 2019.

REIS, R. S. et al. Prevalência de inatividade física em escolares do ensino médio em escolas públicas de Curitiba-PR. **Caderno de Resumos PIBIC-PUCPR**, 2006. p. 106.

RIBEIRO, S. R. **Atividades rítmicas e expressivas**: a dança na educação física. Curitiba: InterSaberes, 2019.

RODRIGUES. E. Bailarina brasileira com deficiência fica em 2º lugar em concurso na Europa. **Universa Uol**, 28 dez. 2021. Disponível em: <https://www.uol.com.br/universa/noticias/redacao/2021/12/28/bailarina-brasileira-com-deficiencia-fica-em-2-lugar-em-concurso-na-europa.htm>. Acesso em: 28 dez. 2022.

RODRIGUES, I. C. M. **Dicionário língua portuguesa**. São Paulo: Bicho Esperto, 2012.

RODRIGUES, M. C. S. **Dança**. Porto Alegre: Sagah, 2018.

RUFINO, L. G. B. Lutas. In: GONZÁLEZ, F. J.; DARIDO, S. C.; OLIVEIRA, A. A. B. (Org.). **Lutas, capoeira e práticas corporais de aventura**. Maringá: Eduem, 2014. p. 29-89. v. 4: Práticas corporais e a organização do conhecimento. Disponível em: <https://lume.ufrgs.br/handle/10183/170986>. Acesso em: 3 mar. 2023.

SALZER, J. **A expressão corporal**: uma disciplina da comunicação. São Paulo: Difel, 1982.

SAMPAIO, F. **Balé passo a passo**: história, técnica e terminologia. Fortaleza: Expressão, 2013.

SAMPAIO, F. **Ballet essencial**. Rio de Janeiro: Sprint, 2007.

SANTANA, I. **Dança na cultura digital**. Salvador: EdUFBA, 2006.

SANTIN, S. **Educação física**: uma abordagem filosófica da corporeidade. 2. ed. Ijuí: Ed. da Unijuí, 2003.

SANTOS, C. A. F.; ANDRADE, W. A. G. Formação docente em educação física: saberes propostos para o ensino da dança na escola. **Corpoconsciência**, Cuiabá, v. 24, n. 1, p. 57-70, jan./abr. 2020. Disponível em: <https://periodicoscientificos.ufmt.br/ojs/index.php/corpoconsciencia/article/view/9833>. Acesso em: 3 mar. 2023.

SANTOS, S. F. Dança enquanto recurso psicoterápico provedora de mudanças biopsicossociais. **Revista Psicologia e Saberes**, v. 8, n. 11, p. 350-359, 2019. Disponível em: <https://revistas.cesmac.edu.br/psicologia/article/download/850/784>. Acesso em: 3 mar. 2023.

SARAIVA, M. C. Elementos para uma concepção do ensino de dança na escola: a perspectiva da educação estética. **Revista Brasileira de Ciências do Esporte**, Campinas, v. 30, n. 3, p. 157-171, maio 2009. Disponível em: <http://www.rbce.cbce.org.br/index.php/RBCE/article/view/540>. Acesso em: 29 dez. 2022.

SCARPATO, M. T. Dança educativa: um fato em escolas de São Paulo. **Cadernos Cedes**, v. 21, n. 53, p. 57-68, abr. 2001. Disponível em: <https://www.scielo.br/j/ccedes/a/dM3dPnh8K5wG4ZVrdCVfxhb/abstract/?lang=pt>. Acesso em: 3 mar. 2023.

SCHAFER, R. M. **O ouvido pensante**. Tradução de Maria Lúcia Pascoal, Magda R. Gomes da Silva e Marisa Trench de Oliveira Fonterrada. São Paulo: Ed. da Unesp, 1991.

SCHILLER, F. **Sobre a educação estética do ser humano numa série de cartas e outros textos**. Tradução de Teresa Rodrigues Cadete. Lisboa: Imprensa Nacional – Casa da Moeda, 1994.

SCHNEIDER, A. S. et al. Applicability and Benefits of Dance Therapy as a Health Care Practice: an Integrative Review. **Research, Society and Development**, v. 9, n. 7, p. 1-20, 2020.

SÉRGIO, M. **Motricidade humana**: uma nova ciência do homem. Lisboa: Edição MEC/DGD, 1986.

SILVA, A. M. **Corpo, ciência e mercado**: reflexões acerca da gestação de um novo arquétipo da felicidade. Campinas: Autores Associados; Florianópolis: Ed. da UFSC, 2001.

SILVA, A. M. Entre o corpo e as práticas corporais. **Arquivos em Movimento**, Rio de Janeiro, v. 10, n. 1, p. 5-20, jan./jun. 2014. Disponível em: <https://revistas.ufrj.br/index.php/am/article/view/9228/pdf_30>. Acesso em: 29 dez. 2022.

SILVA, K. M.; NITSCHKE, R. G.; SANTOS, S. M. A. A dança e o envelhecimento: benefícios descritos na literatura. **Ciência, Cuidado e Saúde**, v. 17, n. 3, p.1-7, jul./set. 2018. Disponível em: <https://periodicos.uem.br/ojs/index.php/CiencCuidSaude/article/view/39020/751375138259>. Acesso em: 3 mar. 2023.

SILVA, K. V.; SILVA, M. H. **Dicionário de conceitos históricos**. 3. ed. São Paulo: Contexto, 2014.

SILVA, M. M.; FIGUERÔA, K. M. **Ciências humanas e educação física**: elementos introdutórios. Curitiba: InterSaberes, 2021.

SIQUEIRA, A. **Leitura e escrita musical**. Curitiba: InterSaberes, 2020.

SMITH, T. J. Bodies in Motion: Dance, Gesture, and Ritual on Greek Vases. **Greek and Roman Musical Studies**, v. 9, n. 1, p. 49-84, Mar. 2021.

SOARES, C. L.; MADUREIRA, J. R. Educação física, linguagem e arte: possibilidades de um diálogo poético do corpo. **Movimento**, Porto Alegre, v. 11, n. 2, p. 75-88, maio/ago. 2005. Disponível em: <https://seer.ufrgs.br/Movimento/article/view/2869>. Acesso em: 3 mar. 2023.

SOUSA, N. C. P.; CARAMASCHI, S. Contato corporal entre adolescentes através da dança de salão na escola. **Motriz**, Rio Claro, v. 17, n. 4, p. 618-629, out./dez. 2011. Disponível em: <https://www.scielo.br/j/motriz/a/4sxZtvtC5vrkqQvKNsKBfQb/?format=pdf&lang=pt#:~:text=adolescentes costumam dançar individualmente, o,aos demais colegas da escola.>. Acesso em: 3 mar. 2023.

SOUSA, N. C. P.; HUNGER, D. A. C. F. Ensino da dança na escola: enfrentamentos e barreiras a transpor. **Educación Física y Ciencia**, v. 21, n. 1, p. 7-8, jan./mar. 2019. Disponível em: <http://www.scielo.org.ar/pdf/efyc/v21n1/2314-2561-efyc-21-1-e070.pdf>. Acesso em: 3 mar. 2023.

SOUSA, N. C. P.; HUNGER, D. A. C. F.; CARAMASCHI, S. A dança na escola: um sério problema a ser resolvido. **Motriz**, Rio Claro, v. 16, n. 2, p. 496-505, abr./jun. 2010. Disponível em: <https://repositorio.unesp.br/handle/11449/8356>. Acesso em: 3 mar. 2023.

SOUSA, N. C. P.; HUNGER, D. A. C. F.; CARAMASCHI, S. O ensino da dança na escola na ótica dos professores de Educação Física e de Arte. **Revista Brasileira de Educação Física e Esporte**, v. 28, n. 3, p. 505-520, jul./set. 2014. Disponível em: <https://www.revistas.usp.br/rbefe/article/view/86667>. Acesso em: 29 dez. 2022.

SOUZA, A. A. A. **A prática pedagógica do balé clássico na educação infantil**: revelando caminhos. Várzea Paulista: Fontoura, 2012.

SOUZA, C. V. **O show deve continuar**: o gênero musical no cinema. 300 f. Dissertação (Mestrado em Artes Visuais) – Universidade Federal de Minas Gerais, Belo Horizonte, 2005. Disponível em: <https://repositorio.ufmg.br/handle/1843/VPQZ-73QQU9>. Acesso em: 16 jan. 2021.

SOUZA JR., O. D. A disciplina rítmica no processo de formação dos alunos do curso de Educação Física. **Revista Mackenzie de Educação Física e Esporte**, v. 1, n. 1, p. 47-63, 2002. Disponível em: <https://www.mackenzie.br/fileadmin/OLD/47/Graduacao/CCBS/Cursos/Educacao_Fisica/REMEFE-1-1-2002/art4_edfis1n1.pdf>. Acesso em: 3 mar. 2023.

SOUZA, M. T. O. **Construções de gênero, masculinidades e performances no balé**: observações e narrativas sobre vivências de bailarinos em um universo feminino. Tese (Doutorado em Educação Física) – Universidade Federal do Paraná, Curitiba, 2021. Disponível em: <https://acervodigital.ufpr.br/handle/1884/73662>. Acesso em: 3 mar. 2023.

SOUZA, M. T. O.; CAPRARO, A. M. Intersecções entre balé, gênero e sexualidade na produção acadêmica no Brasil: revisão de teses e dissertações. **Licere**, Belo Horizonte, v. 24, n. 3, p. 356-378, set. 2021. Disponível em: <https://periodicos.ufmg.br/index.php/licere/article/view/36330>. Acesso em: 3 mar. 2023.

STOKOE, P.; HARF, R. **Expressão corporal na pré-escola**. Tradução de Beatriz A. Cannabrava. São Paulo: Summus, 1987.

STRAZZACAPPA, M.; MORANDI, C. **Entre a arte e a docência**: formação do artista da dança. 4. ed. Campinas: Papirus, 2011.

STRAZZACAPPA, M.; MORANDI, C. **Entre a arte e a docência**: a formação do artista da dança. Campinas: Papirus, 2013.

TADRA, D. S. A. et al. **Linguagem da dança**. Curitiba: InterSaberes, 2012.

THOMAZ, P. S. Da colonialidade: reflexões sobre as danças Kizomba e Urbankiz em workshops internacionais. **Revista Ensaios**, v. 16, p. 59-73, jan./jun. 2020. Disponível em: <https://periodicos.uff.br/ensaios/article/view/44489>. Acesso em: 3 mar. 2023.

TONDIN, B.; DE BONA, B. C. A dança e seu espaço na escola: educação física ou artes? **Kinesis**, Santa Maria, v. 38, p. 1-14, 2020. Disponível em: <https://periodicos.ufsm.br/kinesis/article/view/25195>. Acesso em: 3 mar. 2023.

VAGO, T. M. O "esporte na escola" e o "esporte da escola": da negação radical para uma relação de tensão permanente – um diálogo com Valter Bracht. **Revista Movimento**, Porto Alegre, v. 3, n. 5, p. 4-17, fev. 1996. Disponível em: <https://seer.ufrgs.br/index.php/Movimento/article/view/2228/936>. Acesso em: 16 jan. 2023.

VARGAS, L. A. M. **Escola em dança**: movimento, expressão e arte. 2. ed. Porto Alegre: Mediação, 2015.

VELOSO, L.; SIMÕES, N. Como a cultura do funk eleva a autoestima e o bem-estar dos jovens. **Alma Preta**, 5 dez. 2019. Disponível em: <https://almapreta.com.br/sessao/cultura/como-a-cultura-do-funk-eleva-a-autoestima-e-o-bem-estar-dos-jovens>. Acesso em: 28 dez. 2022.

VERGÍLIO, I. Dança "viral" bate recordes e vira alvo de debates no TikTok. **Elle**, 25 maio 2020. Disponível em: <https://elle.com.br/cultura/dan ca-viral-bate-recordes-e-vira-alvo-de-debates-no-tiktok>. Acesso em: 28 dez. 2022.

VIANA, F.; BASSI, C. (Org.). **Traje de cena, traje de folguedo**. São Paulo: Estação das Letras e Cores, 2014.

VIEIRA, M. S. Interfaces entre a dança, a educação infantil e a Base Nacional Comum Curricular (BNCC). **PÓS – Revista do Programa de Pós-graduação em Artes da EBA/UFMG**, v. 8, n. 16, nov. 2018. Disponível em: <https://periodicos.ufmg.br/index.php/revistapos/article/view/15585/pdf_1>. Acesso em: 29 dez. 2022.

VIGARELLO, G. **Histoire**. Paris: Le Pommier, 2018.

WESSEL-THERHORN, D. **Jazz Dance Training**. 2. ed. Oxford, EUA: Meyer & Meyer, 2000.

WHO – WORLD HEALTH ORGANIZATION. **Young People´s Health – a Challenge for Society**. Report of a WHO Study Group on Young People and "Health for All by the Year 2000". Technical Report Series 731. Geneva: WHO, 1986.

WOSNIAK, C. Mini@aturas de um corpo semiósico em ambiente digital: a ciberdança em(na) rede. **Vozes e Diálogo**, Itajaí, v. 12, n. 2, p. 44-56, jul./dez. 2013. Disponível em: <https://periodicos.univali.br/index.php/vd/article/view/4802/2736>. Acesso em: 16 jan. 2021.

ZOBOLI, F. et al. O "corpo" como tema da produção do conhecimento na Revista Brasileira de Ciências do Esporte RBCE (1979-2012). **Kinesis**, v. 34, n. 2, p. 2-23, jul./dez. 2016. Disponível em: <https://doi.org/10.5902/2316546422566>. Acesso em: 29 dez. 2022.

Bibliografia comentada

Capítulo 1

BOURCIER, P. **História da dança no ocidente**. Tradução de Marina Appenzeller. 2. ed. São Paulo: Martins Fontes, 2001.

Nesse clássico da literatura sobre as origens da dança, o pesquisador francês apresenta um trabalho historiográfico sobre a dança no contexto ocidental desde a Pré-História até a Idade Moderna. O mais interessante na obra é a maneira como o autor descreve, a partir de fontes históricas, as mudanças culturais e os reflexos em suas manifestações, em específico, a dança.

Capítulo 2

SOUZA, P. H. **BNCC no chão da sala de aula**: o que as escolas podem aprender a fazer com as 10 competências? Belo Horizonte: Conhecimento, 2020.

A obra apresenta as dez competências essenciais que norteiam a prática escolar, por meio da Base Nacional Comum Curricular (BNCC). De maneira criativa e peculiar, o autor relaciona cada competência com uma pintura clássica e uma personalidade que a representa. A obra serve de apoio teórico para a reflexão sobre todas as práticas pedagógica criadas à luz dos pilares da BNCC.

Capítulo 3

GHIRALDELLI JR., P. **O corpo**: filosofia e educação. São Paulo: Ática, 2007.

O autor é filósofo e escritor, graduado em Filosofia e Educação Física, doutor em Filosofia e em Filosofia da Educação, com tese de pós-doutorado sobre o tema "Corpo – filosofia e educação". Em sua obra, ele traz reflexões sobre movimentos histórico-filosóficos para mostrar como nossas relações com o corpo foram se transformando, apresentando, principalmente, o deslocamento da nossa identidade da mente para o corpo na transição da era moderna para o mundo contemporâneo. Destaca ainda a regra do ver e ser visto que impera na contemporaneidade, o que leva as pessoas a buscarem incessantemente ter (ou aparentar) um corpo "saudável" e jovem.

Capítulo 4

GIGUERE, M. **Dança moderna**: fundamentos e técnicas. Barueri: Manole, 2016.

O livro aborda, de forma simples e ilustrativa, os princípios e as peculiaridades da dança moderna. Além disso, descreve orientações à preparação do estudante para uma aula de dança e indica ações de segurança, nutrição e prevenção de lesões. São apresentados os conceitos e os princípios do movimento com ênfase nos cinco principais estilos de dança moderna, além de elementos de criação e composição coreográfica dessa dança.

Capítulo 5

GAIO, R.; PATRÍCIO, T. L. (Org.). **Dança na escola**: reflexões e ações pedagógicas. Curitiba: Bagai, 2021. Disponível em: <https://drive.google.com/file/d/1 eOhJO1L64ZwvwK1SJexC3ejL9ku2zYqH/view>. Acesso em: 29 dez. 2022.

A leitura do livro *Dança na escola: reflexões e ações pedagógicas*, disponibilizado gratuitamente no *site* da editora, permite que se compreenda de forma mais ampla o trato da dança no espaço escolar, mostrando a polissemia que essa expressão da cultura corporal pode assumir nesse espaço tão importante de formação humana, ampliando as possibilidades de abordagem do conteúdo, assim como para a formação de professores. As temáticas abordadas são bastante variadas e trazem reflexões e ações, como bem diz o título da obra, sobre aspectos históricos, estéticos, pedagógicos, inclusão, gênero, cultura popular e erudita, e como estes podem adentrar o campo educativo. Como os próprios autores destacam no início da obra, o intuito deles foi elaborar um material que servisse de referência para docentes interessados no trabalho pedagógico relacionado à arte – a dança, em especial – na educação básica e propor ações pedagógicas interdisciplinares, especificamente entre as disciplinas de Educação Física e Arte, que pudessem auxiliar na construção de projetos em que os estudantes sejam os protagonistas na construção do conhecimento.

Capítulo 6

GARCIA, A.; HAAS, A. N. **Ritmo e dança**. 2. ed. Canoas: Ed. da Ulbra, 2006.

A obra é organizada em três capítulos, nos quais o primeiro aborda de forma didática o ritmo, desde os conceitos e as definições até a classificação nos ritmos binário, ternário e quaternário. Em seguida, o segundo capítulo discorre sobre os aspectos históricos de diferentes estilos de dança e o terceiro e último capítulo aborda as definições, as funções e os objetivos da dança, bem como os fundamentos da dança acerca da composição coreográfica e da estrutura de uma aula de dança.

Respostas

Capítulo 1

Atividades de autoavaliação

1. e
2. c
3. b
4. c
5. b

Atividades de aprendizagem

Questões para reflexão

1. O novo contexto social que emergiu na fase romântica, muito impulsionado pela Revolução Francesa e pela Revolução Industrial, caracterizou-se pelo protagonismo feminino. Nesse período, os homens passaram a destinar a maior parte do tempo para o trabalho, devido à nova lógica mercantilista, e as mulheres ganharam espaço em palcos e em outros ambientes voltados para a arte.

2. Inicialmente, é necessária a reflexão sobre a dança e seu papel no ambiente escolar. É notório que há uma expectativa de que o conteúdo de dança seja aplicado para a realização de apresentações aos pais, especialmente em festas comemorativas na escola. Ainda que a dança possa ser apreciada como arte dessa maneira, é fundamental que os alunos participem ativamente do processo coreográfico. Ademais, a reflexão sobre a ação é parte essencial do processo de ensino-aprendizagem das diferentes manifestações culturais da dança. Portanto, entende-se que a dança no ambiente escolar deve ser compreendida como expressão, enfatizando as diferentes sensações e experiências do ato de dançar.

Atividade aplicada: prática

Capítulo 2

Atividades de autoavaliação

1. e
2. d
3. c
4. a
5. d

Atividades de aprendizagem

Questões para reflexão

1. A dança é unidade temática tanto do componente curricular de Arte quanto do de Educação Física. Tal fato elucida a dificuldade de setorizar uma manifestação cultural milenar. Ainda assim, é possível identificar que o enfoque que a BNCC apresenta para a dança nos componentes curriculares distingue as abordagens. Como unidade temática de arte, a dança está envolta das experiências do corpo, perpassando o ritmo, as formas de movimento, as variedades e a criação. Por outro lado, enquanto componente curricular de educação física, observamos que a ênfase está nos repertórios, que vão desde danças regionais às danças de matrizes indígenas e africanas.
2. Ao promover a dança no ambiente escolar, os professores devem estar atentos às possibilidades educativas da unidade temática. Isso ocorre desde a escolha do repertório que será utilizado na aula, o qual deve ser

explorado por diversos ângulos, tais como: Qual a origem desse estilo de dança/música e o que influenciou? Quais as características da gestualidade nela imbricada e por quê? Quais as possiblidades de releitura desse estilo? Depois disso, faz-se necessário pensar as atividades da aula com base nos objetivos elencados para tal. Com isso, a aula poderá partir de uma questão-problema e finalizar com uma reflexão, um registro ou uma criação.

Atividade aplicada: prática

1. Pode-se citar: Escravos de Jó; De abóbora faz melão; A canoa virou; Se eu fosse um peixinho; Roda-cotia; Pai Francisco.

Capítulo 3

Atividades de autoavaliação

1. c
2. b
3. a
4. e
5. d

Atividades de aprendizagem

Questões para reflexão

1. Podem ser citados: a) Tocar a cabeça de alguém – normalmente, tocamos a cabeça de crianças, mas, em certos países, a cabeça é sagrada e o ato pode ser considerado falta de respeito; b) Olhar diretamente nos olhos – o desvio do olhar pode demonstrar falta de interesse ou falsidade, mas, em alguns países, o ato de olhar diretamente nos olhos pode ser falta de respeito, principalmente com mulheres; c) Mover a cabeça de um lado para o outro no sentido lateral – na Índia, significa que se está concordando (sinal afirmativo) ou que se está escutando com atenção.

2. Pode-se buscar as apresentações sugeridas em *sites* como YouTube ou TikTok e refletir sobre as sensações despertadas em si, como leveza, tristeza, alegria, ansiedade, calma, vontade de dançar, o gostar ou não gostar etc. Depois, comparar as próprias sensações com as sensações ou percepções de outra pessoa que assista às mesmas apresentações. Por fim, refletir sobre tais diferenças, que se devem às experiências e aos gostos de cada um.

Atividade aplicada: prática

1º compasso	2º compasso	3º compasso	4º compasso
| |	| |	| |	| |

Escravos de Jó jogavam caxangá

Frase musical nº 1

5º compasso	6º compasso	7º compasso	8º compasso
| |	| |	| |	| |

Tira, põe, deixa ficar

Frase musical nº 2

9º compasso	10º compasso	11º compasso	12º compasso
| |	| |	| |	| |

Guerreiros com guerreiros fazem zigue-zigue-zá

Frase musical nº 3

13º compasso	14º compasso	15º compasso	16º compasso
| |	| |	| |	| |

Guerreiros com guerreiros fazem zigue-zigue-zá

Frase musical nº 4

Capítulo 4

Atividades de autoavaliação

1. a
2. d
3. c
4. e
5. b

Atividades de aprendizagem

Questões para reflexão

1. Podemos citar as danças gaúchas da Região Sul do país, como a chimarrita e o xote, trazidas pelos imigrantes espanhóis e que foram enriquecidas e modificadas com as contribuições das danças brasileiras. As mulheres usam longos e rodados vestidos de prendas e os homens usam botas, camisas e chapéus. As músicas típicas têm nomes similares às danças, chimarrita, xote e bugio, e os instrumentos musicais são a gaita, violão, viola, viola de arco, pandeiro, violino, rabeca e bandoneon.

2. Balé clássico: predomina a postura ereta durante a apresentação; usam-se vestidos e tutus para as mulheres e camisas e calças apertadas para os homens; o estilo musical predominante é a música clássica. Dança moderna: a coluna vertebral é flexibilizada diversas vezes durante a dança com a presença de torções e contrações; o solo é muito utilizado durante as sequências coreográficas, com rolamentos e movimentos diversos na posição sentada e deitada; as roupas são variadas de acordo com a temática da apresentação e predominam roupas leves e similares às roupas do cotidiano; as trilhas sonoras são variadas.

Atividade aplicada: prática

1. Exemplo de sequência de exercícios que podem ser executados na barra.

Com a posição inicial em primeira posição dos pés, uma das mãos na barra e a outra na cintura, realizar os seguintes passos:

- Dois *demi plié*;
- Um *souplesse devant*;
- Um *souplesse derriére*;
- Quatro *tendus*, em cada direção, frente, lado, atrás e repete mais um ao lado;
- Quatro *jetés* em cada direção, frente, lado, atrás e repete mais um ao lado;
- Realizar a meia ponta e a quinta posição dos braços para experimentar o equilíbrio.

Finalizar a sequência descendo os braços e os calcanhares de forma suave.

Capítulo 5

Atividades de autoavaliação

1. e
2. a
3. c
4. d
5. b

Atividades de aprendizagem

Questões para reflexão

1. Buscar em *sites* como TikTok, YouTube etc. Observar anúncios publicitários, estilos de música/cantores, roupas, tipos de passos/movimentos, corpos etc. para analisar as influências.

2. Utilizar buscadores da internet. Observar o indicado para as análises. Refletir sobre elementos que podem ser trabalhados por meio de jogos e brincadeiras de mãos ou palmas, como ritmo, sincronicidade, cooperação etc.

Atividade aplicada: prática

1. Levantar tópicos de discussão, como: Vocês conhecem/sabem o que significam essas palavras? Em que meio/contexto são utilizadas? Vocês utilizam esse vocabulário? Por que esse tipo de música/dança faz sucesso?

Capítulo 6

Atividades de autoavaliação

1. c
2. d
3. a
4. b
5. b

Atividades de aprendizagem

Questões para reflexão

1. As principais modalidades e estilos de danças que estão presentes nas redes sociais são as danças urbanas e as danças livres, executadas com músicas eletrônicas, sertanejo, *funk* e outras que estejam em alta. De modo geral, os vídeos são de curta duração e propõem alta interatividade com os usuários das redes sociais, por meio de comentários e até de reprodução das sequências de dança.

2. Inicialmente, faz-se necessária a reflexão sobre a dança e seu papel no filme escolhido – se é a principal proposta ou se é utilizada como complemento na narrativa. As modalidades comumente encontradas nos filmes são as danças urbanas e a danças modernas, no entanto, alguns filmes trazem em suas narrativas danças clássicas e populares.

Atividade aplicada: prática

1. Para realizar a atividade prática e simular a elaboração de uma coreografia, realize todas as seis etapas do processo coreográfico, são elas: 1) pesquisa acerca do tema – escolha um tema para a sua coreografia; 2) levantamento de dados da turma e/ou bailarinos e demais equipes envolvidas com o processo – simule que a coreografia será elaborada para uma turma pré-determinada, escolha idade e nível da turma; 3) cronograma – imagine

uma data futura para a apresentação da coreografia e distribua os ensaios dentro do período necessário; 4) estudo musical e coreográfico – estude a contagem musical da música escolhida e escreva ou desenhe os passos ou símbolos da sua coreografia; 5) ensaios e experimentações – simule uma situação em que os ensaios ocorreriam; e 6) apresentação da coreografia – imagine e escreva os principais pontos do momento da apresentação.

Sobre as autoras

Katiuscia Mello Figuerôa é doutora em Ciências da Atividade Física e Desportiva pela Universidade de León, Espanha. Foi bolsista do Programa Nacional de Pós-Doutorado Institucional da Coordenação de Aperfeiçoamento de Pessoal de Nível Superior (Capes) na Universidade Federal do Paraná (UFPR). É especialista em Educação Física Escolar e licenciada em Pedagogia e em Filosofia pelo Centro Universitário Internacional Uninter, além de graduada em Educação Física pela UFPR. Tem vínculo com o grupo de pesquisa "EAD, presencial e o híbrido: vários cenários profissionais, de gestão, de currículo, de aprendizagem e políticas públicas", na linha de pesquisa Educação Física na EAD: histórico, cenários e perspectivas. É integrante do Instituto de Pesquisa Inteligência Esportiva (Ipie) da UFPR.

Atualmente, é docente dos cursos de licenciatura e de bacharelado em Educação Física e da pós-graduação do Centro Universitário Internacional Uninter. É professora de capoeira em escolas e academias desde 1999. Atua principalmente nos seguintes temas de investigação: história da educação física e do esporte; políticas públicas para o esporte e lazer; lutas e capoeira.

Pauline Iglesias Vargas é doutora em Educação Física (2021) pela Universidade Federal do Paraná (UFPR) e mestra em Educação Física (2017) pela mesma instituição, na linha de pesquisa Esporte, Lazer e Sociedade. Pós-graduada em Ginástica Rítmica (2008) pela Universidade do Norte do Paraná (Uenp) e em Educação Física (2004) pela UFPR. Licenciada em Educação Física (2003) pela UFPR. Participante do projeto de pesquisa "Que tempo bom: naquela época...: perscrutando as memórias e as narrativas do esporte" e do Instituto de Pesquisa Inteligência Esportiva, ambos da UFPR. Membro do grupo de pesquisa em ginástica da Universidade Federal do Espírito Santo (Ufes). Atuou na coordenação de esportes e cultura e lecionou em escolas entre os anos de 2003 e 2017 na rede particular de ensino. Tem experiência na área de educação física, com ênfase em ginástica e dança. Atualmente, é professora de ensino superior nas disciplinas de Ginástica, Lazer e Recreação, Legislação Educacional e Educação Física Adaptada.

Evelyne Correia é especialista em Fisiologia do Exercício pela Universidade Federal do Paraná (UFPR), graduada em Educação Física pela Pontifícia Universidade Católica do Paraná (PUCPR) e licenciada em Pedagogia pelo Centro Universitário Internacional Uninter. Tem vínculo com o grupo de pesquisa "EAD, presencial e o híbrido: vários cenários profissionais, de gestão, de currículo, de aprendizagem e políticas públicas", na linha de pesquisa Educação Física na EAD: histórico, cenários e perspectivas. Entre os anos de 2005 e 2015, atuou como professora de dança na rede particular de ensino básico e em projetos sociais. Atualmente, é docente dos cursos de licenciatura e de bacharelado em Educação Física, diretora, professora e coreógrafa da escola de dança Corpo e Arte Dança, desde 2010, com atuação direta nas modalidades balé clássico, jazz e dança contemporânea.

Impressão: Reproset
Maio/2023